コロナ禍の東京を駆ける

コロナ禍の東京を駆ける

緊急事態宣言下の困窮者支援日記

稲葉 剛・小林美穂子・和田靜香 編

岩波書店

カバーイラスト・深谷かほる

まえがき

この本は東京・中野区に拠点を置く、生活困窮者支援団体「一般社団法人 つくろい東京ファンド」による、2020年4月からの主に緊急事態宣言下に於ける活動の記録です。中心になるのはスタッフの小林美穂子さんの支援活動日記。小林さんが自身のFacebookに日々アップしていたものから選び、まとめました。

これまで生活困窮者支援についての記録というと、支援される側の方々の話はよく目にしてきましたが、支援する側の話、しかも日記という形は目にしたことがありません。緊急事態宣言下でステイホームが呼びかけられる中、ステイするホームがない人たちを支えるために東京中、いや、時には近県にも足を伸ばして駆け回り、怒ったり喜んだり、困ったり戸惑ったり、読み手に問いかけたり。小林さんの日記は、生活困窮者支援という、多くの人からすると少々遠くに感じられてきた活動をありのまま正直に伝え、読む人が共に喜んだり怒ったりすることができるもの。読めばきっと、その意義を考えるきっかけになると信じます。

そもそもいま、まえがきを書く謎のライターの私も、元々は小林さんのFacebook日記のいち読者でした。東京など7都府県に緊急事態宣言が出た4月7日(の翌日)から、ホームのない人たちの困ってる具合は読んでいるだけでもドキドキする切迫感なのに、それに対応する福祉事務所の対応は何も知らない私からすると、「ええっ？　なんでそうなる？」とクエスチョンマークがいっぱいでした。そして、4月15日付の小林さんの日記を読んで、ついに怒りが爆発。詳しくはこれからのページを繰っていただければ分かりますが、「そんな劣悪な場所に、困ってる人をなぜ追いやるんだ？　ふざけるな！」という思いで、その日のコメント欄に「このことを記事にしたいです」と書き込みました。そして、日ごろは芸能ゴシップ記事が多く並ぶウェブサイト「週刊女性ＰＲＩＭＥ」に、実はエンタメ系ライターである私が小林さんの日記とインタビューを基にして「新型コロナ福祉のダークサイド、ネットカフェ難民が追いやられた「本当の行き先」」という記事を書いて掲載すると、たちまち大反響を呼びました。

続いて「東京都「ネットカフェ難民」のホテル提供を出し惜しみ、消えた３３４９人の行方」を発表するとさらに読まれ、ビュー数がサイトのトップに躍り出ます。これには私も驚きました。記事を読んだ多くの人が「こんなこと許せない！」「ひどい！」と我が事のように怒り、共感を示す。小林さんの言葉は、いままで生活困窮者支援に関心が薄いどころか、まったく知らなかった人たちにも届いていったのです。この本が同じように多くの人の元に届くことを願い、本づくりのお手伝いをさせていただいております。

本書には「つくろい東京ファンド」代表理事の稲葉剛さんによるコロナ禍における支援活動総括の論考や、同ファンドのスタッフである宍戸正博さん、佐々木大志郎さんの活動記録も収録し、より立体的に理解が深まるよう作ってあります。支援の現場で動く皆さんが日々「支援活動そのもの」をブラッシュアップし、いま必要なスタイルに変換していっていることが見えてきます。

ちなみに私は「つくろい東京ファンド」が運営し、小林さんが訪れる一人一人に目を配りながら仕切り、稲葉さんがエプロン付けてお客様をお迎えする「カフェ潮《しお》の路《みち》」の常連でもあります。ここでは地域の人たち、生活困窮者、元路上に暮らしていた人らが共にテーブルを囲んでお茶を飲んだり、ご飯を食べる。「お福わけ券」という、財布に余裕のあるお客さんが「次に来る誰か」のためのご飯代を先払いするという仕組みを導入していて、手持ちのお金がない人も食べられます。私がここに行くのはたいてい落ち込んでいるときで、重い足取りで自転車をギコギコ漕いで行く。そして、「人生で食の体験が少なかった人たちに色々なものを食べてもらいたい」と工夫された手作りご飯をモリモリ食し、おじさんたちと「どこのインスタントコーヒーがいちばん安くて美味しいか」なんて話をしていると、何がだからどうしたということはないけれど、帰り道はいつも自転車を漕ぐ足が軽くなって、スピードが格段にアップします。

何もしなくても何もできなくても、笑っててもムスッとしてても、飛沫飛ばしてしゃべってても黙ってても、みなさまどうぞご自由にという、こうあるべき、どうすべきが一切ない「潮の路」の在り方は、「つくろい東京ファンド」の支援のカタチそのものじゃないか？ と思います。支援される側のやり方を、生き方を、人権を、何より大事にしているのです。

人に寄り添い、人を支え、助け、助けられ生きること。コロナ禍のいま、社会的距離が遠いからこそより大切になった人と人のつながりとは？ を、この本で共に考えていければ、と願っています。

ライター　和田静香

2020年秋

目次

ホームレス・クライシスに立ち向かう

稲葉　剛

コロナ禍に端を発した経済危機が長期化の様相を呈している。

私たち生活困窮者支援団体の相談窓口には、３月頃から収入が激減して、家賃を滞納せざるをえないという自営業者やフリーランスの労働者からの相談が届くようになっていた。４月になると、休業による減収や雇い止め、解雇などによって生活が立ち行かなくなった非正規労働者からの相談も増えていった。

「ステイホーム」が呼びかけられる中、多数の人がホームを喪失するという事態は絶対に避けなければならないが、現状では、貧困が急速に拡大する中、賃貸住宅の家賃滞納や住宅ローン破綻により、新たに住まいを失う人が急増しかねない社会状況になっている。

数千人が行き場を失った

住居喪失の問題が最も顕著に現れている都市は、全国で最も家賃水準が高い東京である。

コロナ以前から、東京には「住まいの貧困」(ハウジングプア)が広がっていた。私は、都内で不安定な居住環境に置かれている人は少なくとも約６０００人は存在していると見積もっている。このうち約２００

0人は、路上や公園、河川敷等の屋外で寝泊まりをしている人たちだ。東京都の発表によると、都内の路上生活者数は1037人(2019年8月時点)だが、この数字は昼間の目視調査で確認できた人数に過ぎない。民間団体が独自に実施している深夜の調査では、毎回、行政発表の2倍以上の人数が確認されているため、少なくとも都内には約2000人の人々が路上生活をしていると考えられる。

残りの約4000人は、ネットカフェや漫画喫茶、24時間営業のファストフード店の商業施設などで寝泊まりをしている人たちだ。2017年に東京都は一度だけ、ネットカフェ等に寝泊まりをしている「住居喪失者」の調査を実施しており、その際に都内に約4000人という推計値を発表している。平均年齢が60歳を超える路上生活者と違い、「住居喪失者」の年齢層は比較的若く、20〜40代が全体の約7割を占めている。

コロナ禍による経済不況は、この不安定居住層を直撃した。特に影響が大きかったのがネットカフェ等に暮らす非正規労働者である。

今年3月頃から、建築土木や飲食店、ホテル、性風俗など、ネットカフェ生活者が就いていた仕事の多くがコロナの影響でストップした。収入の減少で所持金が尽きかけていたところに追い討ちをかけたのが、4月7日に発出された緊急事態宣言である。

緊急事態宣言の発出にともない、東京の街は「ホームレス・クライシス」とも言える状況に陥った。4月11日、東京都がネットカフェの各店舗に休業要請を行ったことにより、そこに暮らす数千人が一斉に行き場を失うという、前代未聞の事態が生じたからである。

ネットカフェ等に寝泊まりをしている人の中には、もともと日払い、週払い等の不安定な仕事に従事しているワーキングプアが多い。２０１７年の東京都調査でも、平均月収は11万４０００円と低く、収入額を回答した人のうち月収が15万円以下の人が全体の８割を超えていた。

このため、普段の生活でも寝泊まりをする場の確保に苦労している人が多く、ネットカフェ以外で寝泊まりをしている場所について聞いた質問では、路上(43・８％)が最も多く、次にファストフード店(40・５％)が続いていた。仕事の収入が得られた時は、ネットカフェやサウナ等で泊まり、お金がない時は深夜営業のファストフード店や路上で夜を過ごす人が多いと見られている。

普段は路上生活にまで至っていない人も、日々、仕事で得た収入でネットカフェ代をまかなう自転車操業的な生活を余儀なくされている。そのため、そのサイクルが止まれば、一気に多くの人が路上に押し出されてくることは予見できていた。

こうした事態を見越し、私たちホームレス支援活動に関わる団体・個人は、４月３日、東京都に対して緊急要望書を提出した。その内容は、パリやロンドン等、諸外国の大都市がロックダウンを機にホームレス支援を強化していることを参考にして、東京でも緊急事態宣言にあわせて、住まいを失った生活困窮者に対して、ホテルの借り上げ等、緊急の支援策を実施することを求めるものだった。

この要望を踏まえる形で、小池百合子都知事は４月６日の記者会見で、住居喪失者への一時住居の整備を行うと表明。都の補正予算に緊急対策費約12億円を計上したと発表した。しかし、その具体的な中身はなかなか明らかにならなかった。

悲痛なSOS

私が代表理事を務める一般社団法人つくろい東京ファンドでは、ネットカフェから出される人への緊急支援を行うため、4月7日に緊急のメール相談フォームを開設した。このメールフォームには、5月末までに約170件の相談が寄せられた。

私たちに寄せられたメールの多くは、悲鳴のようなSOSであった。

「ネットカフェ休業により、住む場所がなくなってしまいます」

「携帯も止められ不安でいっぱいです。もう死んだ方が楽になれるのかなと思ってしまいました」

「住む家もお金もないです。そもそも新しい感染症があることも先々週知りました。マスク買うお金ないし、そもそも売ってない。人生詰んだと思ってます」

「ネットカフェ暮らしでしたが、営業休止で寝泊まりする場所がなくなり、また仕事も職場が自粛すると共に退職扱いになり、所持金がほぼありません」

「お金がなく、携帯もフリーWi-Fiのある場所でしか使えず、野宿です」

メールを送ってくれた方のほとんどは20代から40代であり、10代の若者からの相談もあった。

意外だったのは、女性の相談が全体の約2割を占めたことだ。その中には、家庭内での虐待やDV等から避難するための場所としてネットカフェを利用している人も少なくなかった。

2017年の東京都による調査では、住居喪失者のうち女性の占める割合は2・5%と非常に低い数値にとどまっていた。女性の場合は、自分がネットカフェ生活をおくっていることを周りに知られること自体、大きなリスクになるので、行政のアンケート調査にも本当のことを答えていなかった可能性があると私は推察している。

私たちが電話相談ではなく、メールフォームによる相談という手法を選んだのは、電話代を払えず、携帯電話がすでに止まっている人が多いだろうと予測していたからである。予想通り、相談者の多くは電話が使えない状態にあり、フリーWi-Fiのある場所に行き、メールでSOSを発信してきていた。所持金が数百円、数十円しかなく、すでに路上生活になっていた人も少なくなかった。

コロナ禍でどう緊急支援するか

コロナ禍における緊急支援活動で苦労をしたのは、感染症リスクの低減と支援活動の両立である。

リーマンショック時には、２００８年の年末から翌年の年始にかけて東京・日比谷公園で開催された「年越し派遣村」のような大規模の生活相談会が、何度も支援団体によって開催された。しかし、今回は多くの人が集まること自体が感染症リスクにつながってしまうため、大規模の相談会を開催しづらい状況にある。そこで今回、私たちは少人数のメンバーで緊急出動チームを作り、ネットカフェから出された相談者に個別に会いに行くというアウトリーチ型の支援スタイルを採用することにした。

まず、私と事務局の佐々木大志郎がSOSメールに返信。メールでやりとりをして、それぞれの相談者の状況を把握し、対応方針を決めていった。公的な支援策の情報を伝えるだけで相談が終了することもあったが、公的機関まで行くための交通費がない、今晩から路上生活をせざるをえない等、緊急性が高い場合は、その人がいる場所を聞いて、その日のうちに緊急出動チームが駆けつけるようにした。

緊急出動チームのメンバーは、それぞれ自宅待機をしており、相談者の所在地が把握できたら、その近くにいるメンバーが駆けつける形をとった。誰が行くかが決まったら、メールで待ち合わせの時間や場所を設定。ご本人の服装の特徴等を聞いて、待ち合わせがスムーズにいくように調整をした。駆けつける地域は徐々に拡大し、4月下旬以降は首都圏全域にわたった。

駆けつけたメンバーは、その場で相談者からヒヤリングを行い、緊急の宿泊費や交通費を支給した。緊急宿泊費の支援では、昨年、都内のさまざまな団体と一緒に設立した「東京アンブレラ基金」を活用。クラウドファンディングで集まった寄付金をもとに、一泊あたり6000円(連続7泊まで)を必要に応じて支給した。宿泊費等を支給した相談者には、メール等でその後の状況も知らせてもらい、必要に応じて、メンバーが公的支援の窓口まで同行する等の支援を行った。

緊急出動チームには、つくろい東京ファンドのスタッフだけでなく、反貧困ネットワーク等、連携している生活困窮者支援団体のメンバーも手弁当で参加してくれた。また、公的機関で働くソーシャルワーカーや地方議員も個人の資格でチームに加入してくれ、緊急対応や役所への同行等を担ってくれた。

同時に、つくろい東京ファンドでは、都内の空き家や空き室を借り上げ、個室シェルターの整備を急ピッチで進めていった。つくろい東京ファンドでは、コロナ禍以前から都内のアパートの空き室25室を借り上げ、都内の他のホームレス支援団体や医療機関等と連携して、「ハウジングファースト」型の住宅支援事業を展開していた。

「ハウジングファースト」とは、生活困窮者の支援において、プライバシーの保たれた住まいの確保を最優先とする支援アプローチのことである(本書47頁の解説も参照)。

コロナ禍での生活困窮者支援では、感染症の拡大を防止するという意味でも、個室提供の重要性はさらに高まっている。私たちは、コロナ禍の影響で住まいを喪失する人が急増することを見越し、今年３月から不動産業者の協力を得て、個室シェルターの増設に努めてきた。

その結果、９月中旬までに個室シェルターを都内58室まで増やすことができた。これらのシェルターには、住まいを失った10代から70代の方々が一時入所をしている。借り上げた部屋には、相談者が着の身着のままの状態で入居できるように、団体で購入した家電製品や布団を搬入しているが、搬入の数時間後には入居者を迎え入れている部屋も少なくない。

都の緊急支援の不備と問題点

緊急事態宣言の影響で、数千人規模の人たちが一斉に路頭に迷うという「ホームレス・クライシス」に際し、私たち民間の生活困窮者支援団体の関係者は、持てる力のすべてを振り絞って、緊急支援活動に取り組んできた。

では、この間、行政機関は何をしてきたのだろうか。

東京都は緊急事態宣言の発出にともない、ネットカフェから出される人への緊急支援策としてビジネスホテルの提供を開始したが、都内に約４０００人いると言われるネットカフェ生活者のうち、支援を受けられた人は約３割にとどまった。

都は当初、ビジネスホテル提供に関する広報を一切、行わなかった。私たちからの要請に応じて、東京都福祉保健局のツイッターアカウントがネットカフェ生活者に向けた発信を始めたのは４月末になってからであるが、その内容も、都がネットカフェ生活者向けに設置している相談機関「ＴＯＫＹＯチャレンジネット」（29頁の解説参照）への相談を呼びかけるだけで、ホテルの居室を提供しているとは書かれていなかった。

その「TOKYOチャレンジネット」では、宿泊支援の対象者を、当初、「都内に6カ月以上滞在していた人に限る」という不当な制限を設けており、相談に行った人々はネットカフェの領収書等、都内に6カ月以上滞在していたことを証明する書類の提示を求められた。そのため、私たちのもとには、「チャレンジネットで相談したが、対象外と言われたので、野宿をせざるをえなくなった」という相談が相次いだ。

私たちの抗議を受けてその後、6カ月未満の人の受け入れも始まったが、その窓口は「TOKYOチャレンジネット」ではなく、各区・市の生活困窮者自立支援窓口とされたため、都と区・市の窓口をたらい回しにされる人が続出。現場はさらに混乱した。この点についても、私たちが抗議を続けた結果、4月24日になって、都内6カ月未満の人も「TOKYOチャレンジネット」で受け入れるという方針転換が行われた。

私たちは相談者を公的支援につなぐ一方、都の緊急支援策の不備を指摘し、「6カ月ルール」の撤廃など、一つ一つ、問題点を改善させてきた。こうしたソーシャルアクションの結果、支援策は徐々に使いやすくなっていったが、初期の段階で、行政の支援策を利用できずに路上生活に追いやられた人や他県に移動した人も少なくなかったと推察される。

6月1日には新宿区の生活困窮者自立支援制度の窓口から都が用意したビジネスホテルに入所していた87人が宿泊支援を打ち切られる、という「事件」も発生した。ホテルの宿泊期限は当初、5月末とされていたが、都は6月以降の宿泊支援の継続を決定し、各区・市に延長を伝えていた。しかし、新宿区のみが宿泊延長を利用者に伝えず、6月1日の朝に全員をチェックアウトさせたのである。

私たちの抗議に対して、6月9日、新宿区長は謝罪コメントを発表。窓口を再訪した人に対して、再度のホテル提供や宿泊費相当分の現金支給を行うと約束した。しかし、連絡がつかず、行方がわからなくなってしまった人も数人いたようだ。

この問題の第一義的な責任は、宿泊延長を意図的に知らせなかった新宿区にあるが、ビジネスホテル宿泊者へのその後の支援方針について明確に示さなかった都にも責任があると私は考えている。都の窓口である「TOKYOチャレンジネット」からビジネスホテルに入った人には、ホテルの次に移る一時住宅が提供されたが、各区・市の生活困窮者自立支援制度の窓口で受付をした人は住宅支援の対象にならなかった。そのため、最も受け入れ人数の多かった新宿区が宿泊支援終了後の対応に苦慮して、暴挙に及んだと見られるからである(だからと言って、支援を打ち切ることは許されないが)。

このように、東京都の緊急支援策は利用を希望する人にとって極めてわかりにくく、使いづらい対策になってしまったが、この時期、各地方自治体の生活保護の窓口でも問題のある対応が散見された。相談に来た人を追い返したり、たらい回しにしたりする「水際作戦」(37頁の解説参照)が横行したのである。

私たちに相談があった人の中には、複数の生活保護窓口で不適切な対応をされた人もいた。そうした事例を2つ紹介したい。

支援のたらい回し

地元の東京を離れ、三重県桑名市の自動車工場で住み込み就職を決めた20代の男性は、4月中旬、研修期間を終えた直後に、上司から「雇えなくなった」と言われ、寮も出されてしまった。

その時点での所持金は数千円。途方に暮れて4月20日、桑名市の福祉事務所で相談をしたが、窓口の職員からは暗に名古屋市に行くように言われ、交通費500円とクラッカー、水を渡された。

その足で名古屋市の福祉事務所に相談に行くも、生活保護の申請は地元の東京の方がよいので、東京に戻るように言われ、浜松市までの切符を渡された。浜松市から東京までの交通費については、中継地点の各福祉事務所で相談するように言われ、その日の晩は掛川市で野宿をせざるをえなかった。21日は富士市まで移動できたが、その日の晩も野宿だった。

つくろい東京ファンドのメールフォームに相談が入ったのは、4月22日の午前2時過ぎ。電話で事情を聞き取ったスタッフの佐々木が、緊急の支援金として6000円を彼の銀行口座に振り込んだ。その後、沼津市の福祉事務所でも相談をしたが、職員に半ば無理やり財布の中身を見られ、「お金を持っているじゃないか」と責められた。その場で、佐々木に電話で説明してもらい、切り抜けることができた(本書の佐々木原稿参照)。

東京にようやく到着することができたのは23日。後日、支援者が付き添って、都内の福祉事務所で生活保護の申請を行い、その後、アパートに移ることができた。

5月上旬、職場で休業補償がなされなかったために収入が途絶え、住まいも失ってしまった20代の女性は、神奈川県内の福祉事務所に相談に行ったが、不仲の母親のもとに戻るように言われ、生活保護を申請できなかった。

その日の夜、言われた通りに実家に行き母親に援助を求めたが、拒絶されたため、屋外で過ごさざるをえなかった。翌日、別の地域の福祉事務所に相談に行ったが、そこでも実家に戻るように言われ、取り合ってもらえなかった。彼女は3日間、野宿を続けた後、知人の紹介で、つくろい東京ファンドにつながることができた。

東京アンブレラ基金から一泊分の宿泊費を出し、翌日、スタッフの小林美穂子が福祉事務所に同行。生活保護を申請したいという意思を伝えると、無事に申請することができ、当面、ホテルで宿泊をすることになった。その後、アパートに移って仕事も復職することができている。

「福祉崩壊」「相談崩壊」が起きている

生活保護の「水際作戦」は昔からある問題だが、今年4月以降、「水際作戦」が頻発した背景には、生活保護の相談件数の増加に福祉事務所の職員体制が追い付いていない、という事情がある。

厚生労働省によると、今年4月の生活保護の申請件数は2万1486件と、前年同月に比べ24・8％増加した。前年同月比の伸び率は、2012年4月の申請件数の統計開始以来、過去最大であった。このように申請者が増える一方で、相談を受ける福祉事務所の職員体制は逆に手薄になっている。

4月13日、総務省から各自治体に対して「新型コロナウイルス感染症のまん延防止のための出勤者の削減について」という事務連絡が出されており、福祉事務所を含む自治体の職場でも、コロナ対策のために出勤者を削減することが求められているからだ。窓口に出る職員が減らされている中で、相談者が殺到し、福祉事務所が機能しなくなっているのではないかと私は懸念している。

「医療崩壊」ならぬ「福祉崩壊」、「相談崩壊」とも言うべき事態が進行しているのだ。

無事に生活保護を申請できたとしても、何の説明もされずに「貧困ビジネス」（41頁の解説参照）と思われる施設に送られたという相談も多数寄せられた。

3年前からネットカフェ等で寝泊まりをしていた40代の男性は、4月22日に品川区の生活困窮者自立支援制度の窓口で相談をして、ビジネスホテルに入所することができた。ホテルからオフィスビルの清掃の仕事に通っていたが、収入が減ったため、6月初旬に生活保護を申請した。数日後、福祉事務所の職員から宿泊場所を移動するようにとだけ言われて向かった先は、三多摩地域にある民間の宿泊所だった。宿泊所に着くと、管理人から利用契約書を結ぶように言われたが、保護費のほとんどを利用料として徴収され、手元には約1万6000円しか残らない契約になっていたこと、職場に通うにも交通費がかかりすぎることから、契約は結ばず、そのまま施設を退所した。

施設退所にともない、生活保護が廃止となり、路上生活をせざるをえなくなったことから、つくろい東京ファンドに相談。後日、別の区で生活保護を申請し、つくろい東京ファンドの個室シェルターを経て、アパートに入居することができた。

今回、東京都が用意したビジネスホテルは、生活保護を申請した人も活用できるようになっていた。しかし、多くの区・市で、ホテルではなく、社会福祉法に基づく民間の「無料低額宿泊所」（以下、無低と略す）への誘導が行われた。ホテルがあるのに使わせない、という対応をする自治体が多かったのである。

この「施設ファースト」ともいえる福祉事務所の対応も、以前から指摘されてきた問題である。

生活保護法では第30条において居宅保護の原則が規定されているが、首都圏の多くの福祉事務所では、これに反し、住まいのない人が生活保護を申請した場合、いったん、無低に入所させるという運用が常態化している。コロナ禍以前から、無低の中には居住環境や衛生環境が悪い施設が多数あることが指摘され、社会問題となってきた。東京都内には現在も、10人以上の相部屋で、生活保護費の中から宿泊料や食費等の名目で月に10万円以上を徴収し、本人の手元にはほとんど現金が渡されないという施設も存在している。

当初、コロナ禍においても、都内の各区・市の福祉事務所は相部屋の無低への「送り込み」を止めていなかった。4月10日に東京都福祉保健局生活福祉部保護課長が各区・市に発出した事務連絡において、「インターネットカフェ等を利用している居住が不安定な方への一時居住先については、第一義的には保護施設や無料低額宿泊所の活用により対応願います」との記載が盛り込まれていたからである。そのため、ネットカフェを出されて、生活保護を申請した人が相部屋の無低に入所させられてしまうという事例が続出した。

都がネットカフェに対して休業要請を行ったのは、感染症の拡大を防ぐことが目的だったはずである。しかし、そこから出された人に対して、ネットカフェよりも居住環境が悪く、感染症リスクの高い宿泊施設に誘導するというのは、矛盾以外の何物でもない。

この点についても、私たちは抗議を重ね、厚生労働省と東京都は4月17日になって、新規の生活保護申請者には原則、個室を提供するように、という新たな事務連絡を発出した。

しかし現実には、この通知を守らず、「生活保護を申請した人には相部屋の施設に入ってもらいます」と明言している福祉事務所も依然として存在している。

実は、無低の居住環境の問題は、2018年11月から一年間にわたって厚生労働省内に設置された審議会(「社会福祉住居施設及び生活保護受給者の日常生活支援の在り方に関する検討会」)で議論をされてきたという経緯がある。

この審議会では無低に対する規制強化が議論され、居住環境についても、当初、個室化の方針が示された。しかし、無低を運営する事業者から選出された委員の反対により、経過措置として個室化は3年間、猶予されることになった。

この経過措置さえ盛り込まれなければ、今年4月には無低の原則個室化が実現されていたはずだったのである。私は、厚生労働省が民間事業者に忖度《そんたく》して譲歩した責任は大きいと考えている。

「ハウジングファースト」の支援を

これまで見てきたように、「ホームレス・クライシス」に対する私たち民間支援団体と行政機関の対応は、対照的であった。

民間の私たちは、規模は小さいながらもアウトリーチ型の緊急支援を展開し、相談者の所在地まで駆け付けた上で、「ハウジングファースト」型の住宅支援につなげていった。

相談者を行政の支援策につなげる際にも、ご本人の希望を踏まえて行政と交渉し、無低よりも居住環境の良いビジネスホテルや個室シェルターでの宿泊を認めさせた上で、そこから早期にアパートに移れるように、住民票の設定や携帯電話の取得、部屋探し等の支援を行った。

他方、各行政機関はアウトリーチどころか、東京都の「6カ月ルール」や各区・市の「水際作戦」等、せっかく窓口に来た人を恣意的に選別するという姿勢が顕著であった。そして、「ハウジングファースト」ではなく、「施設ファースト」という従来の処遇方針を、コロナ禍においても転換しない自治体が数多く見られた。

象徴的だったのは、相部屋の無低への入所をやめさせるため、4月15日に私が電話で直談判をした際の東京都の担当者の発言だ。

相部屋の無低への入所を容認するという都の姿勢は、国の感染症対策に逆行していると私が抗議すると、彼は「そんなことを言ったら、高齢者の施設も、障害者の施設も一緒ですよ」と述べたのである。

この発言は、皮肉にも、日本の社会福祉の現状を端的に言い表した言葉だと、私は考えている。

5月11日、加藤勝信・厚生労働大臣(当時)は衆議院予算委員会において、新型コロナウィルスの「クラスター」(感染者の集団)が発生したケースについて、5月10日時点で「250件あるのではないか」と述べ、その内訳は医療機関85件、福祉施設57件、飲食店23件であると答弁した。

患者が集まってくる医療機関の次に、福祉施設での「クラスター」発生件数が多いことは、高齢者や障害者の入所する福祉施設において居住環境の問題が軽視されてきたことと無関係ではないだろう。

福祉政策における居住の軽視という問題の背景には、戦後の日本において、福祉政策と住宅政策が別々に実施されてきた歴史がある。前者は厚生省(現・厚生労働省)、後者は建設省(現・国土交通省)と、管轄する省庁が異なるため、両者の連携は現在に至るまで限定的なものにとどまってきた。残念ながら、コロナ禍で住まいを失う人が増加しつつある現在においても、両者の連携は限定的だ。

一昨年に亡くなられた早川和男・神戸大学名誉教授は、「福祉は住居に始まり、住居に終わる」という北欧の言葉を紹介し、適切な居住環境の確保を福祉政策の根幹に据える「居住福祉」という理念を提唱してきた。

だが、残念ながら日本ではまだ「居住福祉」の理念は実現していない。住宅政策と切り離された福祉行政が「施設ファースト」に固執することで、その実現を阻んでいるのだ。

窓口での恣意的な選別と「施設ファースト」に共通するのは、利用者目線の欠如である。その背後には、福祉的な支援策の利用を権利として保障するという意識に欠ける行政機関の体質がある。

コロナ禍がもたらした「ホームレス・クライシス」があぶり出したのは、日本の福祉行政が抱える宿痾《しゅくあ》とも言うべき人権感覚の欠如である。

5月25日、緊急事態宣言は解除されたが、不況からの脱出は見通せず、多くの人が住居を喪失しかねない危機は継続している。私たちは生活困窮者への個別支援とソーシャルアクションを継続することで、この危機に立ち向かっていく。ぜひ応援をお願いしたい。

困窮者支援活動日記

——2020年4月8日〜7月1日

小林美穂子

構成＝和田静香

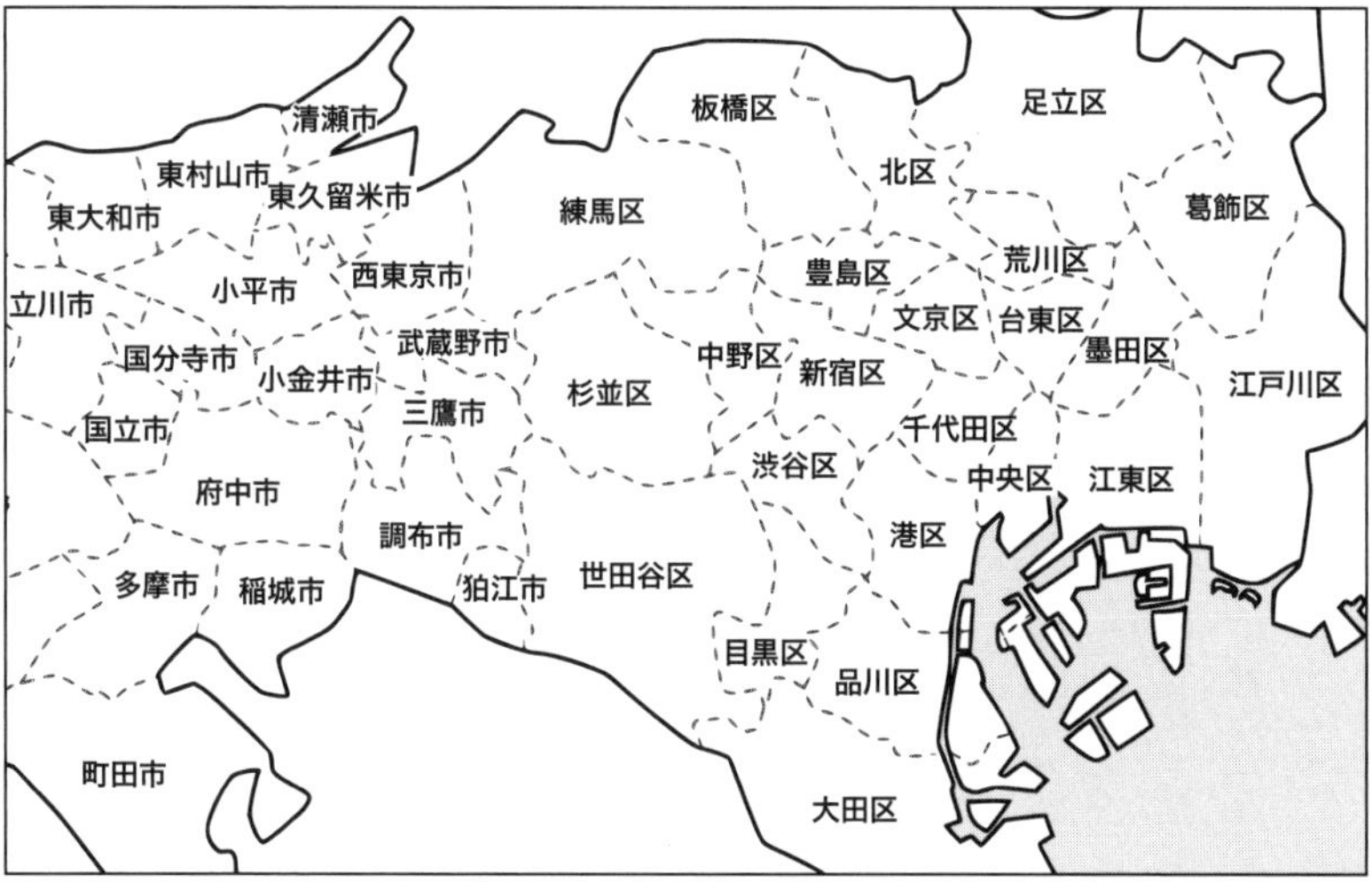

はじめに

はじめまして。小林美穂子です。

中野を拠点とした生活困窮者支援団体「一般社団法人 つくろい東京ファンド」（以下、「つくろい東京ファンド」、もしくは「つくろい」）で活動をしています。

2014年に設立された「つくろい東京ファンド」は個室シェルターを運営しており、路上からシェルターに入所した方の身の回りのお手伝いや、病院同行、部屋の掃除や、生活保護申請同行、行方不明になった住民票の追跡や、身分証の再発行、アパート探し、アパート転居後の家庭訪問などを、高いスキルを持つ専属スタッフやボランティアの皆さんと一緒に行っています。

私はもともと異業種にいた人間で、十数年前までは日本の貧困問題や福祉の事情に詳しくないどころか、日本に貧困が存在することすら知りませんでした。しかし、2008年～09年の年越し派遣村のニュースで、はじめて日本の貧困というそれまで見えてもいなかった社会問題がいきなり目に飛び込んできて、そこから私の人生は大いに狂い始めます。それまで乗っていたレールから驚くべき脱線をし、脱線しすぎてボランティア先で知り合った稲葉剛と夫婦になり、世界一かわいい保護猫二匹と、貧乏だけど幸せに暮らす日々です。

さらには、2017年からは「カフェ潮《しお》の路《みち》」という路上生活経験者の仕事づくりと居場所づくりのための店まで始めてしまい、あろうことかカフェの女将として君臨してしまいました。首まで浸かっています。もう後戻りはできそうにありません。もともとのレールは完全に見失い、いまは私たちを導くレールすら存在しない石ころだらけの荒野を、行きつ戻りつ進んでいるようなありさまです。ですが、私の乗るオンボロ潮の路号には愉快な面々がたくさん乗っていて、エンコすればみんなで押したり、石をどけてくれる力持ちがいたり、よそからやってきた牽引車が引っ張ってくれたりもするので、まぁ、持ちつ持たれつ、助け合いながら、人の善意にも甘えながら、行けるところまでみんなで行ってみようやという気分でやっています。

カフェには、シェルターを卒業して地域生活を始めた方々(約70人います)や、現役で路上生活をする方、地域のお年寄り、外国籍の人や、家族連れ、とにかくいろんな方が集い、とてもユニークな場所となっています。コロナウィルスの感染が始まるまでは……。

「武漢、大変みたいだねー。一体どうなっちゃってるの?」キッチンでボランティアさんたちと心配していた1月、お客さんたちもクルーズ船の話題に明け暮れた2月。カフェには持病持ちや高齢者のお客様が多いことから、3月から段階的にカフェを休業にし、常連客やつくろいシェルター入所者、卒業生たちをどのように守るかの対策に回りました。

4月7日には緊急事態宣言が発令され、ネットカフェにも休業要請が出されました。

私自身はネットカフェを利用したことはないのですが、聞くところによれば、ほんの一畳にも満たないパソコンが利用できる空間で、身長より低い間仕切りで部屋が区切られており、鍵はついていません。シャワールームや、ドリンクバーなどが設置されていますが、本来は一時的に暇をつぶしたり、インターネットを利用する場所として設計されたものだと考えています。しかし、そんな環境で生活をしている人が東京だけで４０００人いることが報告されています。

ネットカフェ生活者たちが居場所を奪われ、大量に路上に出てしまうのを予測した私たちは「相談フォーム」をネット上で拡散し、そこから、私の日記が始まります。

面倒くさいし、いろいろあるけどとても呑気で幸せな空間に身を置いていたのに、一転、戦場のように荒んだ東京を駆けずり回ることになるなんて。見えないウィルスにビビりながら町を走り回り、助けを求める人々と出会い、泣き、行政相手に闘い、落ち込み、支援仲間たちに励ましてもらいながら、ステイホームどころか土日もなく走り抜けた数か月の日記です。読んでくださる方々にとって、日本の貧困問題や社会保障を考える一助になればと願ってやみません。

「カフェ潮の路」の扉は固く閉じられたまま、春が過ぎて、長い梅雨が過ぎて、夏がきました。

ごった返すカフェで、ボランティアの皆さんやお客様たちと和気あいあいと過ごしていた頃の事が、まるで前世の記憶くらいに遠く感じられます。窓辺に飾る花を選んだり、レシピを考えたり、とにかく、みんなで飛沫飛ばしまくって笑い合っていた頃が懐かしい。あの日々は戻ってくるのだろうか。

4月8日(水) パンドラの箱を開けてしまった

さて、ようやく緊急事態宣言が出され、「カフェ潮の路」の一階にある潮路《しおじ》書房(古書販売)だけ開けて細々と続けてきた生活相談も、完全に閉めました。

私はここ最近の緊張とストレスのためか耳鳴りもひどいので、この機にグダグダするべえと休む気満々でいたのですが、その怠け心は、朝ごはんを作って起こしに来たイナバの一言で吹き飛びます。

「パンドラの箱を開けてしまったかもしれない」

ネットカフェ閉店で困る人たちへ向け、イナバたちがつくろい東京ファンドのホームページで発信していた相談フォームへのメールが続々と届いていたのです。

そりゃそうだ。

だって、小池都知事はネットカフェへ休業要請を出して、閉鎖後に行き場を失う人たちのためにビジネスホテルなどを確保したって4月6日の記者会見で言ったけど、それ聞いて安堵した皆さんよく考えて。具体的にどうすればいいのか、その発信は全然なかったじゃないですか。用意する(した)って言っただけ。で、今日からネットカフェにいられなくなる人たちはどうすればいいのだね。どこにアクセスしたらいいのかね？　その日から入れるのかね？

支援者が都に問い合わせたところ、これがまた、緊急時にはまったく使えない内容で、そりゃこの緊急時だ、とりあえずこのプログラムでやって、走りながら柔軟に軌道修正して使いやすいものにしていきましょうってことになってるのかもしれないけど、日本はそれが一番苦手なんだろうに。

きっと、「花に水やってね」と言われて、雨がザーザー降ってる中、じょうろで水をまくような作業をし続けるのだろう。砂漠の砂の、どの粒が一番、本当に、純然たる乾き方をしているのか、それを見つける作業に時間と手間暇をかけている間、すべての砂は乾き切る。もう乾いてるんだから。日夜作業をする都のスタッフも疲弊する。

私は「ほんとうに困ってる人」の「ほんとうに」が嫌いだ。

これまでも嫌いだったが、この緊急時には特にその言葉を使う人に深い怒りを覚える。その残酷さに気づいてほしい。「もう、死んだ方がいいのでしょうか」みたいなことを言わせる行政ってなんだろう。

ネットカフェから溢れ出て行き場を失う人たちには女性も多い。そんなわけで、私も出動することになる。家があっても、お金があってもこれだけ不安なこのごろにおいて、ネットカフェの一畳もない空間という唯一の拠り所まで追われる女性たちに、会ったら一緒に泣いてしまいそうだ。

しっかりしないといけないな、私。

これからが大変。今夜からは夜更かしをやめます。

同日追記　しかも、これまで分かっていたことなのに「自己責任」という言葉で放置して見ないふりしていた貧困問題が、コロナの感染拡大があったことで、突然一斉に表出して可視化されたってことで、よくもこれまで放置してくれたなっていう憤り再燃。

せめてこれをきっかけに、格差を減らすような社会になることを願いながら、私も稲葉を手伝いますよ。耳鳴りは相変わらず続いているが、それどころではない。

4月8日その2　若い女性の萌さん――生きたいと思ってしまったんです

ネットカフェ暮らしだった若い女性(仮名・萌さん、お名前は以下すべて仮名)。昨日から何も食べてないというからファミレスへお連れすると、

「ジュースが飲めるのが嬉しい。甘いの久しぶり」

「もう首吊るしかないと思ったんですけど、私も人間なんですかね、生きたいと思ってしまったんです。それで連絡しました」

こんな思いを若い人にさせていること、こんなことを言わせてしまっていることを、私たち年長者は心底恥じなくてはいけない。これから始まる地獄がいつか過ぎたら、日本の人々が異なる価値観を持ち、これまでと違った形の社会形成を始めて欲しい。たくさんの犠牲者を出すであろうこの災難のあとに、何も変わらなかったら日本に希望などない。絶対にない。

自己責任で弱者を見捨てることも、生産性で人の価値をはかることも、弱者同士を争わせる既得権を持つ者たちが、責められることもなく権力や経済力の上にあぐらをかき続けるさまも、ぜんぶ霞んで消えればいい。

4月9日(木)　日雇いの譲二さん――予定していた仕事がすべてストップした

日雇いで建設の仕事をしながらネットカフェで暮らしていた男性譲二さんと、冷たい風が吹く高田馬場駅で会い、数日分のホテル代と食事代としてのクオカードをお渡ししました。緊急事態宣言後、探しても探しても仕事がなくなり、大変慌てた。よく使ってくれていた業者に直接電話してみたが、「予定していた仕事のすべてがストップしている」と言われた。仕事がなく所持金は減る一方で、おまけにネットカフェにもいられなくなると知り、私たちにつながった。

生活保護を考えたことはありますか？　と聞くと、「自分、刑務所にいたことがあるんですよ」「大阪出身なんですよ」みたいな軽さでサラリと。出所直後の自分を雇ってくれるところもなく、生活保護を利用した。その時にとても嫌な思いをした。だから生活保護を利用する気はない。

困窮した人の生活基盤を支えるはずの制度が、機能していないどころか、人を遠ざけてしまう悲しいケースをこれまでたくさん見てきた。彼が今後、自分の部屋を持てるまで、必要とされればフォローアップしていきたいのだが……。

たくさんの皆さんが「東京アンブレラ基金*」にご寄付を寄せてくださったお陰で、私たちもこうした支援ができます。ありがとうございます。

皆さんからお預かりしたお金を、いまとても困ってる方々に使わせていただきますからね。

4月10日(金) 福祉事務所にイナバ、キレる

日本で有数の温厚な男、イナバがキレている。

私が自分の携帯電話にかかってきた電話に出そびれたら、すぐにイナバの携帯が鳴り、彼が応答して少ししてからのこと。

私は普段、イナバがキレるのをあまり見たことがない。私がどんなにウンコの話ばかりしても、耳につくムカつくCMソングを歌い続けても、どんなに悪ふざけをしても、声を荒げるなんてこともない。そんなイナバが私のすぐ後ろでキレている。

「先日、厚労省から福祉事務所は柔軟な対応をしろと通知が出ましたよね。知らないんですか!」

「この緊急事態にたらいまわしするんですか! いま、相談者をあちこち行かせたら、国や都の感染対策と逆行しますよ! いいんですか!」

「係長か課長を出してください」

先日、「首吊って死のうかと思っていたけど、生きたいと思ってしまった」と連絡をしてきてくれた若い女性、萌さんに生活保護の話をしたとき、「私たちみたいな若い人は受けられないと思ってた。ハードルがいくつもあると聞いている」と私に言った。

その彼女が、勇気を振り絞って福祉事務所の窓口に一人で出かけてくれたのだ。間に入ってくれた女性支援団体も、あらかじめ福祉事務所に連絡をし、しっかり根回しをしてくれた。それなのにこういうことが起きる。

来る人みんなを受けていたら福祉事務所がパンクする。

そう女性相談員はイナバにキレ返したそうだ。

医療崩壊から病院を守るために、検査や治療対象を選別する。その間、手遅れになった人もいるだろう。

政府の中途半端すぎる対策で感染が拡大して、医療も崩壊の瀬戸際で、ここにきて遅すぎるくらいだが緊急事態宣言が発令され、ネットカフェ暮らしの推定４０００人が住まいを失う。

元々、生活保護を受ける要件を十分に満たしていた人たちだ。

溢れ出る人たちが助けを求めて福祉事務所に殺到する。そんなのは読めたこと。

パンクするとか、何をいまさら。

いままで引き受けなかったことのツケですよ、言わせてもらえば。福祉崩壊を恐れて、今度は福祉事務所が命の選別か？　選別せずに受けてください。彼らにはもう選択肢はないのです。もともと、選択肢がネットカフェ暮らしだった人たちなんです。福祉事務所が断れば、彼らは路上生活になるか、死ぬしかないんですよ。一体、なんのための福祉か。

福祉事務所の電話を使わせてもらったという萌さんに、「ごめん。そんな思いをさせて。一緒に行くべきだった。ごめんなさい！」と言うと、「いえ、そんな、私の方こそ。すみません、すみません」と何度も謝った。

解説コラム①

ホームレス・東京アンブレラ基金

英語の"homeless"は、自分の権利として主張できる住居がない状態を指すが、日本では、2002年に施行されたホームレス自立支援法において、「ホームレス」を「都市公園、河川、道路、駅舎その他の施設を故なく起居の場所とし、日常生活を営んでいる者」と定義しているため、ネットカフェで暮らす人は法律上の「ホームレス」ではないということになってしまっている。

だが実際には、路上生活者とネットカフェ生活者の境目は曖昧であり、コロナ禍以前から、所持金が尽きた時はネットカフェに泊まれず、路上生活をしている人の存在は知られていた。

近年、東京では、10代の若者や若年の妊婦、家族の理解を得られないLGBT、日本に逃れてきた難民など、さまざまな属性の人が住まいを喪失するケースが各支援団体から報告されるようになってきている。そのため、それらの人々を支援する各団体の相談現場において、「今夜、行き場がない人」が現れた場合の宿泊をどう確保するか、ということが共通の課題となっていた。

そこで、2019年、つくろい東京ファンドが呼びかけて、各団体が実施する緊急宿泊事業を支える「東京アンブレラ基金」を設立した。「東京アンブレラ基金」では、クラウドファンディングで集まった資金をもとに、事前に登録した協働団体が実施する緊急宿泊支援に対して、一泊あたり3000円(4泊まで)を助成する事業を開始した。

2020年4月以降は、ネットカフェが休業になったことを踏まえ、一泊あたりの助成額を6000円まで引き上げ。泊数も7泊まで可能にした。2020年9月時点で、都内の15団体が「東京アンブレラ基金」の協働団体に加わっており、コロナ禍で住まいを失った人々への支援でも活用されている。

日本共産党東京都議団作成

この怒りを、この悲しみを、どうすればいい。どうして「いままでよくぞ一人で頑張ってきましたね。もう大丈夫ですよ」って言えないんだろうか。どうして！

4月10日その2　大拡散希望

よし!!

東京都がいっこうに広報しないから、TOKYOチャレンジネットの周知のために、共産党が作ってくれました(上)。広報しなくちゃ意味ないじゃない、ねぇ。どんどん拡散しちゃって下さ〜い!!

（TOKYOチャレンジネット）＊

4月11日(土)　ネットカフェ生活者がコロナで可視化された

ネットカフェから相談が続々と入っている。

今日もイナバは朝からメール対応と取材対応とで忙しい。送られてきたSOSに返事をし、必要であれば相談者のいる地域に駆けつけられる人に打診をし、鳴り続ける取材の電話に応え、合間に制度が更新されていないか確認し、もう家の猫をかまう暇も心の余裕もない。

ネットカフェを住まいとしている人たちの問題は、２００７年に当時日本テレビのディレクターだった水島宏明さんが『NNNドキュメント’07 ネットカフェ難民〜漂流する貧困者たち』という番組を作ったことから可視化された。13年も前のことだ。いまに始まったことではない。
ネットカフェを住まいとしている人たちの人数は、東京だけで推定4000人。

解説コラム②

TOKYOチャレンジネット・生活困窮者自立支援制度

2007年、日本テレビの「ネットカフェ難民」報道がきっかけとなり、厚生労働省はネットカフェ等に寝泊まりをする「住居喪失不安定就労者」等の実態調査を実施。全国各地のネットカフェ等に週3〜4日以上、オールナイト利用する住居喪失者は約5400人いるという推計値を発表した。

翌年、厚生労働省は全国主要4大都市に、住居喪失不安定就労者の仕事と住まいを支援するため、「チャレンジネット(住居喪失不安定就労者支援センター)」を設置。東京では、厚生労働省と東京都との合同事業として、新宿・歌舞伎町に「TOKYOチャレンジネット」の窓口が開設された。「TOKYOチャレンジネット」事業を受託しているのは、無低の運営でも知られている社会福祉法人「やまて福祉会」である。

「TOKYOチャレンジネット」は、コロナ禍以前からネットカフェ生活者への住宅支援を実施していたが、その対象者は、東京都内に直近6カ月以上生活しており、一定の収入を得ている人に限られていた。

生活困窮者自立支援制度は、生活保護の手前で生活に困窮するおそれのある人を包括的に支援することを目的とした制度であり、2015年に施行された生活困窮者自立支援法に基づいて、各自治体に生活保護とは別の相談窓口が設置されている。

東京の場合、TOKYOチャレンジネットは都の事業であり、生活困窮者自立支援制度は各区・市の事業になっている。今回、ネットカフェ生活者への緊急支援が円滑に進まなかった理由の一つに、この行政の縦割りの問題がある。

ネットカフェをねぐらにし、働きながらお金を貯めようとしても、ネットカフェ代金(6万〜7万／月)＋ロッカー代を払いながら、アパートの入居にかかる初期費用(家賃＋敷金＋礼金＋仲介手数料＋家賃保証会社への保証料＋鍵交換料＋火災保険加入)を貯めるのは至難の業。

鍵もない、上からは覗かれる、足も伸ばせない環境で、熟睡もままならないまま、最低限の荷物で日々を送っている人たちを、行政はずっと放置してきた。

多くの支援団体がネットカフェで暮らす人たちにアウトリーチ(支援が必要であるにもかかわらず届いていない人に、積極的に働きかけて情報・支援を届けること)したいとあの手この手で試みてきたが、ネットカフェ業界とて商売である。お客さんを手放したくないから、支援団体のパンフレットなどおいそれと置いてはくれない。ネットカフェの近くで出入りする人たちに声かけをして、いかつい男に追いかけられた支援者もいる。

だから、ネットカフェやマンガ喫茶に隠れてしまう生活困窮者は、本当にパンドラの箱だった。

新型コロナウィルスが、行政が開けようとせず、支援者も開けられなかったパンドラの箱を開けた。

この禍で開いた箱である。

これまでうつらうつらとしか睡眠は取れず、医療にもかかれず、節約のためにシャワーも毎日は使わず、カップラーメンばかり食べながら足も伸ばせずにいた人たちが、ふつうに人間らしい暮らしができるようになれば、禍も福と転じる。社会も少しは救われる。もっと早い段階で、支援しなくてはいけなかった。

行政も、前線にいる都の職員も、福祉事務所のスタッフも大変だと思う。でも、これまでのツケが一斉に回ってきただけだから。もう、後戻りをしてはいけないです。同じ過ちを繰り返したらダメだと思う。社会もそうした人たちをお荷物だなどと思わないで、一緒に生きていける未来を模索するようになってくれたらいい。コロナが終息したあとに、これまで以上に弱肉強食の世にならないように。それを繰り返したらこの国に未来はないのだと思う。

4月12日(日) マスク3枚よーし!

出動要請につき、いまから新宿へ。

若い女性と待ち合わせです。マスク3枚よーし! 支援金よーし! チョコよーし!

お天気も悪いので、さすがに電車はこんな感じ(写真)。スーパーは激混みですけどね。

4月13日(月) 福祉事務所に憂いが止まらない

豪雨と強風の一日。

つくろい東京ファンドの事務所で雑務などをしていると、若い女性(ゆいなさん)から電話があり、週末の宿を世話してくれていた支援団体から福祉事務所に行くよう言われたが、一人で行くのが怖いので誰か一緒に来て欲しいと。消え入るような声を受け、午後になってコバヤシ出動。

ゆいなさんは深刻な問題や困難をたくさん抱えた人で、生活保護を受けたいが女性相談員に対応されるのは嫌だという。よくよく聞くと、同じ宿にいた女性が今朝、福祉事務所を訪れ、女性相談員に対応され、婦人保護施設に入ることを強く勧められた。それは困るというと、追い返されたとのこと。

先週、イナバがキレた相手もこの福祉事務所の女性相談員だった。そのときは前泊地主義《ぜんぱくち》*を盾に、よその区へ行けと追い返されるところだったのだ。

さて、対応に出てきた女性相談員。やはり「うちとしては、女性は女性専用の施設(女性センターや婦人保護施設)で保護することになっている」というではないか。

婦人保護施設は、DVなどで夫から逃げてきた女性などを安全に保護する女性施設で、スマホや携帯から身元が発覚して身に危険が及んでは一大事なので、スマホなどの通信手段は使えなくなる。また、個室もあるが相部屋の施設もあることから、対人関係が苦手な人や、精神疾患のある方、またはいまや誰もがそうだと思うが、スマホを手放すことに抵抗のある人は行きたがらない。

そもそも、DVから逃げてるわけではないのに、自由が極端に制限されるのは誰だって嫌だろうよ。なのに、いまだに女性↓婦人保護施設という運用をしたがる福祉事務所ばかりだ。

相談者本人が婦人保護施設は嫌がっていて、このままでは彼女は手持ちのわずかなお金が尽きたら路上に出てしまいますよと忠告し、ビジネスホテルがありますよねと言うと、相談員は「それでもうちでは……」と言う。なので、

「東京都はネットカフェ休業で居場所を失う人たちのために、ホテルの部屋を2000室用意する

と言ってます。まだ2000室の確保はできてないかもしれませんけど、500室はあるでしょう。4月11日時点で利用した人が109人、12日までで200人ほどが利用する見込みというところまで聞いています。ということは、まだ相当空いてますよね。これ、使えるんじゃないですか」

解説コラム③

ケースワーカー・相談係

生活保護を利用する世帯の援助をする職員をケースワーカー(CW)という。ケースワーカーは、定期的に保護世帯の面接や相談を行い、必要に応じて助言、指導をすることを職務としている。本来は高い専門性が求められる仕事であるが、ケースワーカーを専門職採用にしている地方自治体は、横浜市、川崎市等、一部にとどまっている。

社会福祉法では都市部の場合、一人のケースワーカーが担当する世帯の標準数を80世帯としているが、近年の生活保護世帯の増加に職員数が追い付いていないため、東京23区などの大都市部では一人が120世帯以上を担当していることも少なくない。

そのため、ケースワーカーの仕事は残業が多く、一般に地方公務員の間で福祉事務所は不人気職場と言われている。

生活保護の相談に来た人に窓口で対応する職員は、「相談係」や「インテイク担当」と呼ばれている。相談者にとって、初回の相談を担当する相談係はある意味、生殺与奪の権利を握っている存在であるが、相談係には非正規の公務員が配置されている場合が少なくない。

相談係の対応は、生活保護の新規申請件数に影響を与えるため、ケースワーカーから「自分たちの担当件数を増やすな」と無言の圧力を受けていると語る職員もいる。

そう言うと、女性相談員は「それは窓口がチャレンジネット……」と言いかけたので、「ええ、ええ、知っています。でも、厚労省からネットカフェ退室者に対して柔軟な対応をせよって通知があったのは、もちろんご存知ですよね？」と畳みかけると、相談員は黙って、ようやく「担当者を連れてきます」と席を立った。

無事、5月6日までビジネスホテルの部屋を利用できることになりましたが、5時までにチェックインして欲しいとホテル側が要望しているから、生活保護の申請は明日でいいわよね？　なんて言う。そうはいくかと思いますよね。明日だったら私がついて来ないとでも思ったのでしょうか。甘い！福祉事務所のやり方はお見通しですよ。私だって福祉事務所の同行はかれこれ10年やっている。

「あなたが希望すれば明日も私は同行できるけど、どうしますか？」

相談者に聞くと、彼女は手を合わせて「お願いします」

その声を打ち消すように担当者が両手をわちゃわちゃさせながら「明日はできればお一人で！」と言ったがもう遅い。私は希望を聞いてしまいました。

「すみません、依頼者の希望ですので私も来ます。だって、この3日くらいでこの福祉事務所から、私が偶然知っただけで女性が2人も追い返されてるものですから」

担当者の顔が諦めたような顔になりました。

でもさぁ、なんなの、これ！

全然変わってないじゃん。ってか、むしろ対応が悪化してるってどういうことなんだよ、おい！

もう、こんなんじゃあ安心できない。ガンガン同行するからな。こっちは本業休業でヒマなんだ、毎日だって行ってやらぁ。

でもいいのかなぁ、私があちこち歩き回ったせいで、もし私がウィルスに感染したら、私はケースワーカー*の皆さんにも感染させてしまうかもしれませんよ。人の動きは最小限にした方がいいんだ。だから、公衆衛生の観点からも、水際はやらないでください。あの手この手で追い返したりしないで。

コロナ禍を転機に、福祉を正常化させましょうよ。

今後はネットカフェに暮らすような人がいない社会にしましょうよ。

雨がざんざん降る中を私はヘトヘトになったので帰宅しましたが、イナバは夜に中野の夜回り(路上生活者へ声掛けをし、食べ物をお渡ししたりお話を伺う)を、そして夜回りのあとは銀座に行き、つくろい東京ファンドが都内に持つシェルターの入所待ちをしていた路上の人を迎えに行き、シェルターにお連れします。今夜からは広くて暖かい部屋で、あつあつのシャワー浴びて、布団で足を延ばして休んでもらえる。

住まいは人権です。☹

同日追記　私は女性センターや婦人保護施設に明るくないので異論は承知だが、単純に知らない人と相部屋とか無理だわ〜と思う。やはりアパート自立の支援がしたい。最初に水際作戦*に遭いかけた**萌さん**とは、申請が受理された後に連絡が取れなくなりました。Wi-Fiがあるところでしかスマホが使えない人だったので、女性センターに入れられてしまったのではないかと、同行しなかったことが悔やまれて仕方ありません。いまも何とか連絡取ろうとしているのですが……。

4月14日(火) 続報、そして生活保護申請――ゆいなさん

昨日の続報です。

「生活保護の申請は明日ってことで」と、昨日は5月6日までのビジネスホテルの宿泊をあてがわれて帰された私と若い相談者のゆいなさん。

今日、朝イチで福祉窓口へ行きました。このところ、生活が不規則になっていたために昨夜はほとんど眠れず、顔に疲れが色濃く刻まれて機嫌が悪そうなわたくしです。

まず、やってきた女性相談員にワイロの小判2枚を渡しました。あ、小判じゃなくてマスクです。皆さん、お困りなのは一緒ですものね。女性相談員は、やつれて不機嫌な顔をしたコバヤシがどんなイヤミをかましてくるのかと固い表情で身構えていたら、

「つかいます?」

コバヤシがクマの浮き出た目でマスクを差し出すではないか。

意表を突かれた女性相談員、「恥ずかしながら同じマスクを何度も洗って使ってたんです」と完全に素で答え、そして、なんとなく場がゆるみました。

「カフェ潮の路」にあるマスク備蓄も残り少なくなってきました。頼んだぞ、孫正義!(注:この頃、孫さんが中国からマスクや医療用ガウンなどを大量に輸入して全国に配布していましたよね)

解説コラム④

水際作戦・現在地保護・前泊地主義

水際作戦とは、旧日本軍の作戦用語から転用された語で、各自治体の福祉事務所の窓口において、相談に来た人に生活保護の申請をさせず、相談のみで追い返す行為を指す。

追い返しの手法は、「家族に援助してもらえ」、「まだ若いから仕事を探せ」、「借金があると受けられない」、「必要書類が全部揃っていないから受け付けない」等、さまざまであるが、これらはすべて違法行為である。

特に、路上生活者やネットカフェ生活者等、住まいのない生活困窮者は、水際作戦に遭う確率が高いことが知られている。生活保護制度では、安定した住まいがない人は住民票がどこにあるかにかかわらず、現在の所在地で申請をすることができるという「現在地保護」の原則が認められているが、大都市部の福祉事務所では業務量の増加を過度に気にするあまり、「現在地保護」に消極的な自治体が少なくない。そのため、「住民票のある場所に行け」、「(現在地ではなく)前の日の晩に泊まっていた地域の福祉事務所に行け(前泊地主義)」といった水際作戦が頻発している。

近年、生活困窮者を支援する法律家やNPOのスタッフ、地方議員等が生活保護の申請に同行する活動が広がったため、支援者が同行するケースでは露骨な水際作戦は以前ほど見られなくなった。だが、現在でも第三者が同行せず、生活に困っている人が一人で相談に行った場合、申請を断念させられるケースは少なくない。

厚生労働省は再三、各自治体に対する通知の中で「保護の申請権を侵害しないことはもとより、侵害していると疑われるような行為も厳に慎むべきである」と、水際作戦を行わないように求めているが、依然として水際作戦は根絶されていない。

さて、結論から申しますと、ビジネスホテルからそのまま「アパート転宅(アパ転)」です。これまでだと女性を保護する場合、「女性センター」とか「婦人保護施設」を経由してアパートでの一人暮らしとなるのが相場でしたが、コロナ感染リスクをできるだけ遠ざけたいのか、婦人保護施設は新規入所者の受け入れを渋っているらしい……というニュアンスのことをおっしゃっていました。ですからネットカフェから出てきて行き場を無くした女性たちは、コロナ中はビジネスホテル↓アパ転が狙えますよ。悔しいけれど女性は社会の中で脆弱な存在。ネットカフェでもおちおち眠れない人がほとんど。ですから、これを機にみんな安心安全なアパートに移ってもらうのが得策かと。

対人恐怖で婦人保護施設を拒んでいた相談者のゆいなさんは大変に喜びました。「私、一人暮らしできます」と小さい声ながら一生懸命にアピールしていましたが、なにしろ5月6日(東京都が定めた当時のビジネスホテルのチェックアウト予定日)までに探すとなると時間がない。

女性相談員が「家探しを手伝ってやってくれるか」と私を見る。やつれた顔で横のゆいなさんを見れば、いまにも私の腕にすがるような勢い。

「はぁ、いいですけどぉ」

アパート入居まで付き合うこととしますかね。

帰り道に何度も何度もお礼を言われる。

ホッとした顔と「ありがとう」が私たちのもらう唯一の報酬なわけですが、「私のおかげじゃない！　あなたの力だ。私は何もしていない！」といちいち言い返しながら、本当はこの報酬は福祉事務所の職員たちが受けるべきものなのだと思う。

「大変なところを助けてくれて、ありがとうございました」

心から発せられた言葉を、福祉事務所の職員がたくさん受け取るようになればいい。そんな関わりを一人ひとりと持てるような、そんな働き方ができるようになってほしい。そのために福祉事務所のシステムとか、増員とか、教育とか、変えなくてはならないことが山のようにあるのだろうけど、そんな暇など少しもないほど疲弊してきたのも分かるが、でも変えて欲しい。

とにかく今日のところは、疲れたから寝る！　昼寝！


4月15日(水)　怒りで震える。東京都は感染拡大止める気あるん？


ネットカフェから出てきて福祉事務所に助けを求める人たちが、次々に無料低額宿泊所*に送り込まれている。どういう所かの説明も受けず、迎えの車が来てるからさぁさぁと連れていかれ、契約書にサインをさせられる。

連れていかれた先は、衛生面もひどく、高齢者がたくさんいて、誰もみんなマスクなんてしないまま咳き込んでいて、もちろん相部屋、風呂、トイレは共同。

メンタルの問題も抱える相談者は、出された食事を一口も食べられず、一睡もできずに朝を迎えた。

無料低額宿泊所(以下、無低)は福祉事務所御用達の宿泊所で、中にはいわゆる「貧困ビジネス*」と呼ばれる場所も多く、生活保護費のほとんどを持って行かれる。門限もあり、外出外泊には許可も必要。場所によっては牢名主みたいな人がいて、小銭やタバコをかすめとられる。

一般の人たちは、こんなところを役所が重宝しているなんて、とても信じられないだろう。あ、ちなみに人間トラブルから時には殺人も起きます。

そんなところに希望に反して入れられて、いつまでもアパート転宅を許されない人たちが全国で3万人いるという信じられなさ。

さて、このたびコロナ感染拡大を防止するために、ネットカフェの休業要請が出て、ネットカフェから出てきた皆さんが福祉事務所に行くわけですが、この緊急事態においても無低に送られるというありさまがなぜ起きるか。

それは、東京都が各自治体の福祉事務所に出した事務連絡で、「一義的に無料低額宿泊所を使うべし」という一行があるため。

感染拡大を止める気があるんでしょうか？　いったい。

ひどい窓口になると、「あなたの泊まってるネットカフェはまだ休業していないから、しばらくそこにいてちょうだい」なんて言うところも出てきた。

感染拡大を止める気があるんでしょうか。

分かってるんでしょうか、日本がいま置かれてる状況を。ビジネスホテルを確保しているというのに、そこを使わせない。意味が分からない。相談者からのSOSは日に日に切迫してきている。福祉事務所の窓口を訪れて断られたり、無低に送られる絶望感は想像するにあまりある。

そこで私たちが何度も何度も同行するわけですが、この動きを増やせば増やすほどに、感染は拡大しますよ。そのリスクを何倍にも膨らませますよ。

日本の医療にも、経済にも与える影響は甚大ぞ。責任とれるのか?
そんなわけで、これから私も行ってきます。

解説コラム⑤

無料低額宿泊所(無低)・貧困ビジネス

無料低額宿泊所は、社会福祉法第2条第3項にある「生計困難者に対して、その住居で衣食その他日常の生活必需品若しくはこれに要する金銭を与え、又は生活に関する相談に応ずる事業」という条文に基づき設置される民間の宿泊施設である。

もともとは戦後の混乱期に不足した生活困窮者のための宿泊施設を篤志家に設置してもらうために設けられた仕組みであったが、1999年以降、行政機関への届け出だけで宿泊施設を設置できることに目をつけた事業者が次々と無低事業に参入。その中には、劣悪な居住環境と食事しか提供しないにもかかわらず、高額の利用料を徴収する施設も数多く含まれたため、社会問題となった。

2007年、社会活動家の湯浅誠が「貧困ビジネス」という造語を用いて、「貧困層をターゲットにしていて、かつ貧困からの脱却に資することなく、貧困を固定化するビジネス」への批判を始めると、無低の多くが「貧困ビジネス」施設として批判を受けたが、無低の中には良質のサービスを提供している施設も一部に存在しているため、無低の規制をめぐる議論は混迷を極めることになった。

2018年、社会福祉法と生活保護法が一部改正され、2020年度より無低への規制強化と良質な無低を認定して補助することがセットになった制度改正が施行されることになったが、無低の個室化については3年間の経過措置が設けられることになった。

「美穂子さん、このごろ怒りが強いから気を付けて」と昨日私をたしなめたイナバは、さきほど東京都相手に、これまで私が10年間、見たことのないようなキレ方をした(イナバは無低に入れるな！と東京都と交渉をして怒っていたのだ)。

隣の部屋で寝癖を直していた私は「うえーん」と泣いてしまった。「うえーん」と泣く51歳。でも、泣いてる場合ではない。やつれてる場合でもない。

行ってきます！

4月15日その2　無料低額宿泊所に送られた赤坂さん

赤坂さんはひどい雨が降る月曜日に、福祉窓口を訪れ、生活保護の申請をした。ネットカフェを出て、2日間野宿をした後のこと。

対応したケースワーカーは、「時間がないから」と、その日から泊まる宿の説明もせず、「行けば分かる」と言って、迎えに来た車に彼を乗せた。着いた先は無料低額宿泊所。

(実はこの、説明もなく無低に連れていかれたというSOSは、他の区に行った人からも受けている)

不衛生な環境であること、彼がマスクもしていない老人たちがゲホゲホ咳をしている環境で、一睡もできず、朝晩の貧弱な食事(もちろん有料)も口にしなかったということは前回書いた。

付け加えると、朝と晩しか食事が出ず、彼が所持金も持っていなかったため、ケースワーカーは彼に一週間分の昼ごはんとして、ウィダーinゼリーを2個くれたらしい。ウィダーinゼリーを2個。

ウィダーinゼリーを2個。

あまりに衝撃的だったので、３度書いてみました。

そして、月々10万円ほどの管理費やら宿代を取る無料低額宿泊所、なんと入所時に初期登録代として一万円も取るのだそう。

「持ってない」と言うと、生活保護のお金が出たらそこから払ってと言われたという、まさに貧困ビジネスの王様。むしる、むしる。利益を上げるわけだ。

――

ビジネスホテルに移してくださいとお願いした。

するとケースワーカーはこう答えた。

「東京都からの通知で、生活保護を受ける前提の人は機械的にビジネスホテルではなく、無料低額宿泊所を利用するようにって出てるんです。働けるけど居場所だけないという方に対してはビジネスホテルが用意されているんです」

相談者の赤坂さんも闘った。私も猛抗議した。

その後、「ビジネスホテルに問い合わせたところ空いてるようでした（当たり前だ）」と言う。

そうして、彼は晴れてビジネスに５月６日までいられることになったわけだが……。でも、５月６日以降はやはり無料低額宿泊所に移ってもらう、と繰り返すワーカー。どんだけ選択肢がないんだ！と呆れながら、ならばアパート転宅させてよと話を進める。

いちいち、闘わなくてはならない不毛さにウンザリする。

きっと何も知らないケースワーカー(担当者)なんです。

アパ転までの流れを説明してもらっても、家具什器費(生活保護受給でアパート生活の開始時に受けられる家具家電の扶助)の額すら分厚い生活保護手帳(生活保護実務マニュアル)を見ながら話していた。しかも、何も家具を持たない人に、2万ナンボとか言ってるし。いちいち横から、「赤坂さんは何も持ってないので、特別基準で4万7100円出ますよ、心配ないですよ」と訂正して相談者を安心させないとならない。財布のひもの固さハンパない。油断も隙も無い。

「彼、所持金がないので、生活保護の決定がされるまでの期間、生きていくための貸付をください(保護決定後、保護費から相殺)」と言えば、「現物支給でもいいですか?」ときた。

ウィダーinゼリーはゴメンだよと思い、「お金で」

そうしたら「うちの区では〜」とか口ごもり、いちいち上に相談に行き、今度は「金庫があるのが別の支所なのでそこに自転車で取りに行かなくちゃならない。遅くなってもいいか。夜までには間に合うと思うんですけど。なんなら、一度ホテルに戻ってもらっても」だって。

あの手この手、すごいでしょう?

一万円の貸付金をどこまで取りに行くんだろう。埼玉? 栃木?

イヤミや怒りを必死におさえ、「一時間で!」とワーカーに言い放ち、相談者に向き直って「一時間なら待てますよね〜。ここで待ってましょ。で、ワーカーさんはその間にアパート転宅までの流れや決まりを説明してください」

貸付金はそれから15分くらいで出てきました。

今後、アパート探しで移動もする必要がある赤坂さんのために、パス券(都営の交通機関が無料になる)の発行、そして体調が悪かったので医療券も同時に出してもらいました。

こうした当たり前のことが、一つ一つ指摘しないと出てこないんです。まぁ、保護がまだ決定していないのは分かりますが、それでもね。やりましょうよ。みんなで彼の生活基盤を整えていきましょう、そのための協力はしますから。途中、険悪にもなりましたが、最後は表面的には友好的に、ついでにハウジングファースト*の説明もして帰ってきました。いつもながら、疲れました。

帰ってくると近所のモッコウバラが咲き始めていました。

4月18日(土) 皆さんの声が届いた!

厚労省が新たな通知を出し、国に引っ張られる形で東京都も新たな事務連絡を出した。

この間、メディアも動いてくれた。政治家も動いてくれた。おかしいことをおかしいと叫び、みんなが力を合わせて、これだけ早く立て続けに変化が起きた。

でも、(以下に)イナバも書いてるけど終わりじゃない。

無料低額宿泊所にこれまで留め置かれている人たちが、希望すれば安全でプライバシーを保てるアパートに転居できるようにしてこそ、「住まいは人権」がはじめて達成される。

声を上げてくださった皆さんのおかげ!! ほんの数日で改善されました。以下、イナバから。

●厚労省が新たな事務連絡を出しました！
「新たに居住が不安定な方の居所の提供、紹介等が必要となった場合には、やむを得ない場合を除き個室の利用を促すこと、また、当該者の健康状態等に応じて衛生管理体制が整った居所を案内する等の配慮をお願いしたい」

生活保護を申請して相部屋の施設に入れられそうになっている方、支援者の方、ぜひこの事務連絡を活用してください！

さまざまな方が声をあげてくださったおかげで、改善をかちとれました。ありがとうございます。
●厚労省が「新規の人については原則、個室へ」という方針を出したのに合わせて、東京都も新たな事務連絡を出し、「原則、個室対応」へと方針転換をしました。
改善はさせましたが、まだ下記の問題が残っています。
・無料低額宿泊所がビジネスホテルに優先されるという点は変わっていない。ビジネスホテルをなるべく使いたくないという姿勢は相変わらず。
・もともと無料低額宿泊所に入っていた生活保護利用者の環境を改善させるという観点がない。希望者は早期の居宅移行か、ビジネスホテルへの転居を進めるべき。
引き続き、残された課題にも取り組んでいきたいと思います。ご協力よろしくお願いします。

（4／17）

ハウジングファースト

ハウジングファーストとは、生活困窮者への支援において、安定した住まいの確保を最優先とする支援アプローチである。

1990年代にアメリカで精神障害を抱える路上生活者を支援するために開発された「ハウジングファースト」は、欧米のホームレス支援の現場では一般的になりつつあり、施設入所を中心とする従来型の支援より、地域への定着率やコストの面で優位であることが実証されている。

従来型の支援では、行政が「家に住むこと」についての決定権を持ち、「ホームレス状態にある人々、特に精神や知的の障害を持っている人たちは、居宅に住むための準備期間が必要である」という考え方のもとで、まずは施設に入ることが促され、アパート入居はゴールとして設定されていた。しかし、実際には施設の劣悪な環境に耐えられなかったり、施設内での人間関係に悩んだりして、途中でドロップアウトをしてしまう人が多いことが問題になっていた。

一方、ハウジングファースト型の支援では、「住まいは基本的人権である」という理念のもと、住宅は無条件で提供され、入居後は医療や福祉の専門家からなる支援チームが家庭訪問をして、利用者の地域生活を支えていくという手法が採られている。

東京では、つくろい東京ファンドを含む都内の7団体が「ハウジングファースト東京プロジェクト」というコンソーシアム(共同事業体)を結成しており、都内でホームレス状態にある生活困窮者に対して、ハウジングファースト型の支援事業を展開している。

4月20日(月)　マスク

先週、マスクをあげた女性相談員から「やはり、これは受け取れません」と返される。😐

4月21日(火)　特別定額給付金は生活保護受給者にも

ネットカフェから追い出されて行き場をなくす人たちに同行して走り回り、東京都や厚労省に抗議の申し入れをして次々に改善させ、そのかたわら自営業の方々の窮状に耳を傾け、生活保護利用者にも10万円の支給がされる可能性が出れば収入申告を免除するように働きかけてきた超党派の議員や支援団体の人たちの頑張りが凄まじい。そして成果も。

生活保護の世帯にも「特別定額給付金の10万円」が支給されることに決まった。

市民一人ひとりに支給される10万円が、ホームレス*の人たちにも行き渡るためにはどうしたらいいかをウンウンと考えているツレを横目に、私は咳が悪化して困っている。感染するわけにはいかないのよ。

4月22日(水)　絶望が深すぎて未来が見えない

家に戻ると、「大和市に行ける?.」とイナバ。土産に買って帰ったクレープをもぐもぐと食べ、紅茶を半分だけ飲んで大和市へ向かう、なう。

大和市……神奈川県。所持金尽きた元ネットカフェ生活者が待つ町。旅だね、こりゃ。

電車で一時間半。行ったことない土地ですわ。季節外れのダウン着て、道中に読む本持って。

相変わらず福祉事務所の水際作戦はひどいらしい。

「もう死ぬしかないかもしれない」と万策尽き果てた人が、それでも何とか助けてもらおうと福祉事務所に辿り着くのを、あの手この手で追い返す。その行為って「まぁ、そうっすね。死ぬしかないでしょうね」って言ってるってことですよ。福祉の担当者が。

「でも、うちの区内で死ぬのはやめてね」って、内心思ってると思われても仕方がないですよ。お願いです。初心に戻って……と祈るような気持ちになったけど、あ、まてまて、20年前からこんなだった。初心がそもそもアテにならないんだった(もちろん、尊敬するワーカーも多少はいるが、多勢に無勢)。なんとかならないのだろうか……絶望が深すぎて、いまの私にはこの国の未来が見えない。

大和市で会ったのは、所持金数十円の若い人(康さん)。共に牛丼屋へ。

好きなもの頼んでいいですよというと、メニューを眺めてからお肉2皿がついた定食を指差し、「ごはん大盛りで」。どんぶりのご飯をモリモリ食べる彼は、昨日から何も食べていなかった。

コロナで仕事が次々にキャンセルになり、会社の寮費が払えなくなった。ネットカフェで数日過ごした後で、そのネットカフェも休業に。

「自分みたいに健康で働ける人間は生活保護を受けるべきではない」

そう思いながらも必死で仕事を探しても見つからない。所持金は減る一方で福祉事務所を訪ねたら、

「ここに住民票がなければダメ」と言われて諦めた。もちろん、それは嘘。青森に住民票があろうが、生活保護はいまいる場所で受けられる(現在地保護*)。

福祉事務所は平気で市民に嘘をつく。市民のために働く人たちなのに。

帰宅したら、自宅待機させられていた陽性の50代男性が死亡したニュース。こんなことが自分の最愛の家族に起きたら、私は生きていく自信がない。人の命が……人の命が守られていない。苦しくなる。

4月26日(日) 一人ひとり名前があり、顔がある

SOSを受けて相談者に会いに行くときに、私が知っているその人の情報は、相談フォームに書かれた名前と、目印にお聞きしている服装、そして短く書かれた困窮状況くらい。

その時点で私の中でその人は、「ネットカフェから出て、行き場を失った人」という大きなカテゴリーの中の一人。時には、疲れたなとか、こんな時間にめんどくさいなとか、これがいつまで続くのかなと、ほんのちょっと、ちょっとだけそんな気持ちを心によぎらせながら家を出る。

私は正義の味方でもないし、別にそんなものになる気もサラサラないから、こんなふうなのです。

でも、待ち合わせ場所に行く前に、お渡しするお金を銀行の自分の口座から下ろして(立替えです)、「足りるかな…」なんて頭の中でその人の状況ととるべき対応を何通りか想定しながら待ち合わせ場所に向かい、人待ち顔している人の中から目印の服装を見つける。

「つくろい東京ファンドの小林です」と名乗ったときに、相手の緊張した顔に少し安堵が混じる。人のいない場所を探して話を聞かせてもらう。

「ネットカフェ生活から行き場を失った人」から、その人の輪郭が目の前でくっきりと形づくり始める。

当たり前の話だが、「カテゴリー」で語られる人には一人ひとり名前があり、顔があり、これまで生きてきた歴史があり、いろんな関係性があり、笑ったり、困ったり、苦しんだり、泣いたりする私たちの誰とも違わない一人の人間である。

そういう人が、所持金尽きて目の前にいる。

相手が「カテゴリー」から一人の誰かとなって姿を現したとき、私は手を抜けなくなる。その人がこれ以上困らないように、持てる力のすべてを使わなくてはならないと思う。責任を持たないといけないと思う。

冷たい風が吹く中野サンプラザの前で、**栄一さん**に会った。

2つやっていたバイトのうち一つがコロナでダメになってしまい、残ったもう一つのバイトを死守するため、休むわけにはいかない栄一さんの都合に合わせ、週明けに一緒にTOKYOチャレンジネットに行くことにする。それまでの4泊分のホテル代と食費を渡すと、「このお金はいつまでにお返しすれば……」と、栄一さんが言う。(コロナ禍になってから、そういう人が多い)

「そのお金は返さないでいいお金です。私たちのお金ではないんです。そのお金は、ネットカフェから出されて困っている人たちに使って欲しいと、多くの市民からお預かりしたお金です。だから、しっかりホテルで休んでください。ちゃんと食べてください」

寄付者の気持ちが伝わるよう、真剣に答える。

ホテルの予約を取り、ホテルまでの道すがら今後の話をする。安定した住居を定めるために生活保護をいったん利用する方法があること、希望すれば福祉事務所の同行もするし、部屋が見つかるまで責任持ってお手伝いすることを伝える。後は、ご本人が決めてくれればいい。

4月28日(火)　生きていてくれた

朝のうちに一件同行を済ませ、いま再び都心に向かっています。女性からのSOSです。

この2週間、私が出会った人の、役所やチャレンジネットへの同行を必ずしているのは、一番最初の大失敗があったからです。緊急事態宣言が出てすぐ、一番最初に助けを求めてくれたのは、ファミレスでお話を伺った萌さんだった。東京アンブレラ基金のお金でビジネスホテルに泊まってもらい、その後、女性支援の団体に繋いだ。

その頃、小池百合子都知事は、休業要請で寝場所を失うネットカフェ生活者のために、ビジネスホテルを確保したと発信していたから、ことの重大さ、感染拡大防止の観点からも、役所やチャレンジネットの窓口はきちんと支援してくれるものと私たちは甘く見ていた。だからその頃は私たちも、相談者が一人で窓口に行けばビジネスホテルに案内されるだろうと思っていたのだ。

「首吊るしかないかな」と思っていた彼女は、一人で訪れた福祉事務所で、「あなたが住んでいたネットカフェがある区へ行け」と追い返されそうになったところ機転を利かせ、女性相談員に私たちへ電話をかけるよう頼んだ。

「福祉事務所がパンクする！」とキレる相談員相手にイナバも珍しく声を荒げて抗議し、「この一件だけですよっ!!」と福祉事務所は憤慨しながら引き受けたのだが、その後彼女と連絡がまったく取れなくなった。

女性が助けを求めて福祉事務所を訪れると、「門限があって、相部屋で、スマホが使えない施設しかない」と判で押したような対応をされるということを女性支援団体の怒りのFacebook投稿から知り、私自身が対応した若い女性からも同じ話を聞くこととなるのは、萌さんとの連絡が途絶えた直後だった。


彼女はどこに行ってしまったのだろう。

条件を聞いて、助けを求めることを諦めてどこかに消えてしまったのだろうか、それとも、女性センターに入れられてしまったのだろうか。謝らないといけない。私は彼女に謝らないといけない。「もう心配しないでいい」と言ったくせに、一人で大変な目に遭わせてしまった。私が同行するべきだった。ちゃんと出会った責任を果たさなかった。

この2週間、彼女のことが頭を離れたことがない。連絡先を知ってるイナバにメールを入れてもらい、どうしているのか、どこにいるのかと2人で心配していた。

そして今日、お昼のサンドイッチを頬張ったイナバが「ン…ンンンッ！！」と変な声出して体を揺らした。彼女からのメールを受信したのだった。

力が抜けた。涙が出た。

生きてました。

スマホが使えない環境で、２週間頑張りぬいた。賢い子、強い子。私に謝罪するチャンスを与えてくれた。優しい子。ああ、良かった。良かった。良かった。良かった。

連日、ひどいことばかりで力を削がれ、メンタル強者の私ですら心が折れかかっていた。いや、昨夜は折れた。それがなんとか繋がった。

同日追記　見知らぬ環境で不自由な２週間を頑張った彼女を心から尊敬します。
窓の外を見ていた彼女の横顔が何度も何度も思い出されて…☹

4月29日(水)　福祉ってなに？　ケースワーカーの仕事ってなに？　な話

福祉事務所の対応が厳しくなっているのを感じている。もちろん、志をしっかり持った職員もいるに違いないのだ。しかし、全体の方針が変われば、非正規職員も多い窓口業務の内容は当然変わってしまう。

先日、つくろいシェルターの卒業生でアパート生活４年になる男性(友和さん)の福祉事務所同行をした。働き者の彼は、生活保護を受給していてもずっと働いており、日勤、夜勤をかけもちして収入も増やし、今年に入って収入が生活保護基準額を超えたために生活保護が一時停止になっていた(雇用形態が不安定な場合、収入が保護基準額を超えてもいきなり保護廃止とはせず、停止して様子を見るのが一般的)。

真面目で不器用な人なのだ。金銭管理がうまくできなくなってしまい、家賃が払えなくなってしまった。そりゃそうだ、これまでとペースがいきなり変わるのだから。

「いままで福祉事務所から直接家賃を振り込んでもらっていたから、自分で振り込む習慣がなく、その分を忘れてしまっていた」と彼は言った。

それなら私にも経験がある。

かつて私が上海で暮らしていた時代、家賃が会社持ちだったために一度も家賃を払うことがない生活をしていた。帰国後アパート生活を始めたのはいいが、なんと一度も払わずにいたら3カ月滞納したところで不動産屋が自転車ですっとんで来たことがある。昼間なのに私はのんきに風呂上りで、ホカホカしながらドアを開けたら不動産屋のオヤジが立っていて、「あ、あのぅ、大家さんから連絡があって、小林さんが一度も家賃を払わないっていうんだけど……」と言われて飛び上がったことを覚えている。

まぁ、よくあることよ。

——

そんなわけで、福祉事務所で彼の事情を話して生活保護に戻してもらおうということに。

彼は家賃が払えなくなった時点で役所には電話をしたそうなのだが、「勤務先に相談したら？」と言われたという。そんなまさか……と、私はこの時は本気にしていなかった、のだが……。

「チーフ」と同僚たちに呼ばれる人が出てきて、私たちの対応をした。廊下で。

人の通路になる暗い狭い廊下で、話を聞こうとするチーフ。

まさか立ち話で済ませるつもりかい？　と驚き、「廊下で話す内容じゃないですよねぇ。部屋開けてください」とイラつきながら要望すると、すんなりと部屋に通された。どの部屋も空いていたし。

事情を話し、生活保護への復帰をお願いすると、相談者に対しての問い詰めが始まった。

「なににお金使ったんですか？」

「お金があったらあっただけ使っていらっしゃったんじゃないですか？」

「お小遣い帳はつけていましたか？」

「金銭管理ができていないじゃないですか」

「食費はどれくらいなんですか。光熱費とかちゃんと封筒に分けているんですか？　なんで家賃が払えなかったんですか？」

ひいき目に見ても高圧的で、決めつけられ、畳みかけられ、相談者の友和さんは石になっている。彼はバーッとまくしたてられると反応できなくなってしまうのだ。がんばってゆっくり答えようとしても、かぶせられてしまう。見ていられない。

もし私が、「チーフのあなたは月々のお金を何に使ってますか？　こと細かに教えてくださいよ」って聞いたら、きっとキレるに違いないのにだ。「オレの金を何に使おうと勝手だ」と。

そう。友和さんも生活保護の停止中のことだった。彼が稼いだお金を何に使おうと勝手だろうに。たとえ生活保護を利用していても、とやかく言われる筋合いはない。それでもチーフは、「だけど、この人は金銭管理ができていないではないか」としつこい。

でも、いまはそんなことよりも、家賃が払えないのが困るので、生活保護の一時停止を解くようにお願いするのだが、悲しいことに彼の収入が過去2カ月そこそこあったため、5月分の支給は微々たるものになってしまう。それでは家賃が払えない。

さて、どうしましょうとチーフに尋ねると、

「つくろいさんの施設に入れてやってもらえないか」と言う。

「満室ですし、なにも一カ月の滞納でアパート出る必要ないじゃないですか」と憮然と答えると、そのチーフが言った言葉に私は唖然としてしまう。

「更生施設(公的な宿泊施設で、多くが相部屋から成る)なら紹介できます」

はぁぁぁあああ!? バカじゃねぇの?

なんで安心安全なアパートの部屋に入ってる人を、またホームレスな状態に戻そうとすんの、おまえ、それでも福祉事務所のケースワーカーなのかよ!

「そしたらまたアパート入居の初期費用を改めて出してもらいますけどいいんですか?」と聞くと、なんとこうおっしゃいました。

「よその区とかで」

ちょっとねぇ、なにこれ白昼夢? もう公開したい。YouTubeとかで公開したい。

私は穏やかな人間ではないですけど、相談者のために穏やかに努めているつもりです。ですが、さすがにワナワナしました。

再び、「この人は金銭管理ができないじゃないか」としつこい。アパート暮らしをする能力がない

のだと言わんばかりのチーフの攻勢に、私は必殺キレ懇願でまくしたてた。キレながら懇願。

「あのねぇ、さっきからあなた、この人が金銭管理できないだとかアパート生活できないとか言いたい放題言ってますけど、あなたは今日会ったばかりでしょう。この人はもう4年もアパート住まいをしていて、これまで一度も滞納したことないし、生活保護利用中も常に仕事をしていて、必ず収入申告をしていて、夜勤と日勤かけもちで生保も抜けたのに、そういう努力を褒めないだけでなく、たった一度の滞納を責め立てるってどうなんですかねぇ！　大体ねぇ、わーって言われると、この人は固まるんですよ、見ていて分かりませんか？　コミュニケーションにすらなってないでしょうが！　私たちもいるので、一緒に彼の生活を手伝いましょうよ」


この辺から、チーフはおそろしく無理して作り笑いを浮かべてくれるようになったので、「ほら、チーフも努力してくれているから、あなたもチーフのキャラに慣れましょうね。チーフも友和さんをちゃんと知ってください」

こんな感じで、後は家賃をどう払うかだねとイナバにバトンタッチ。返済計画を家賃保証会社にFAXしたら、その晩、彼の留守電に「出て行ってもらう」とすごむ音声が残される。

渡る世間は鬼ばかりか。この先は弁護士の登場です。

借地借家法（正当な理由あるいは適切な立ち退き料の支払いがなければ入居者を追い出すことはできない法律）を知らんのか。なめんなよ。


――

私は悔しくて仕方がない。

友和さんはひとごとみたいに笑って岡江久美子（注：4月23日に亡くなった）の往年の番組を語っていたけれど、そんな晴れやかな顔を見ているとよけいに悲しくなってしまう。

私は彼をほんの少し知っている。

出会ったのは実はすっごく昔で、私が初めて東京で「ビッグイシュー」なる雑誌を買った、その販売者が彼だった。

すごく大きな地声で「ありがとうございます！」と言った言葉のイントネーションに東北を感じた。

私がまだ生活困窮者支援なる現場に入ってくる、ずっと前のこと。

3・11の地震があったとき、いわゆる〝支援者〟になっていた私は、暴力から逃げてきた中国人女性と文京区の福祉事務所にいて、ビルを急いで降りてきたら、避難する人の波の中に、一人だけつっ立っている人がいて、よく見ると彼だった。「ビッグイシュー」を掲げている。

「ちょっと、友和さん！」と駆け寄ると、ぼんやりと上空を見ていた彼は「あ、小林さん。さっきね、ビルが飴みたいにぐにゃぐにゃ曲がって揺れていましたよ」と手で波を表現しながら笑っている。

「そんなこと言ってないで、早く安全なところに逃げな！　今日は「ビッグイシュー」はもう売れないから！」

長い長い路上生活を経て、つくろい東京ファンドのシェルターからアパートに入り、同じ町で一緒に時間を過ごして、お互いにそこそこ歳を取った。

そういう人なんです。

やはり共に時間を重ねてきたつくろいのスタッフたちにとっても、バカにされたら頭にくる、大切な人なんです。だから、どいつもこいつも、バカにしないでよね。

友和さんには味方が大勢いるんだから。フンッ！

後日談　その後、再び役所同行しましたら、チーフはすごく不自然に笑顔で迎えてくれました。初日のあれは、いったい何だったんだ……。仏のようになったニュー・チーフ、私たち、そして弁護士でしっかり連携して友和さんをがっちりサポートし、中心にいる友和さんもキリッと節約生活に励み、6月には滞納も完済しました。いまも仕事をしながら同じアパートで、大好きなラジオを聴きながら日々を過ごしています。

最初の鬼チーフの出した選択肢は「軽い脅し」だったとしても、アパートを出て更生施設に入所するという選択肢でした。集団生活が向いていない友和さんはきっと施設でいじめられ、路上に出る結果になったでしょう。ありありと想像できます。福祉事務所の仕事は、住まいのない生活困窮した方々に安定した暮らし、住まいを提供し、必要なサポートを届けることであり、住まいのある人を路上に戻すことであってはならないと思います。

5月1日(金)　スタイリッシュなビルで右往左往の巻

TOKYOチャレンジネットからビジネスホテルに入ったものの、所持金90円しかなく就労活動すらできない相談者さん(まさるさん)を生活保護の窓口に連れて行く。

昨日、同じケースで5時間も(!!)熾烈な闘いを強いられた市議がいた。市議が同行しなかったら不可能だった。その Facebook での報告を読み込みながら内心涙目であるが、相談者の前ではそんな弱い心は見せられません。

厚労省から各自治体に出された、「保護の申請権を侵害しないように」と、くぎを刺している文書（左の写真）などを印刷し、これを盾に鉾にして頑張ってきます。

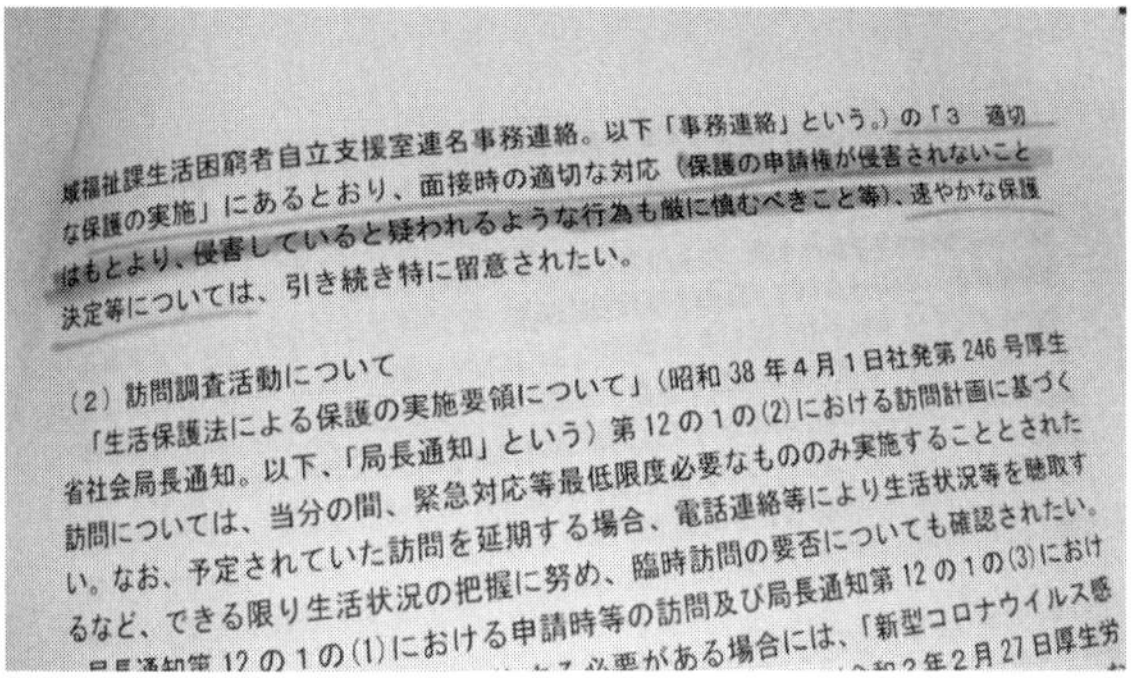
域福祉課生活困窮者自立支援室連名事務連絡。以下「事務連絡」という。）の「3　適切な保護の実施」にあるとおり、面接時の適切な対応（保護の申請権が侵害されないことはもとより、侵害していると疑われるような行為も厳に慎むべきこと等）、速やかな保護決定等については、引き続き特に留意されたい。

（2）訪問調査活動について

「生活保護法による保護の実施要領について」（昭和38年4月1日社発第246号厚生省社会局長通知。以下、「局長通知」という）第12の1の(2)における訪問計画に基づく訪問については、当分の間、緊急対応等最低限度必要なもののみ実施することとされたい。なお、予定されていた訪問を延期する場合、電話連絡等により生活状況等を聴取するなど、できる限り生活状況の把握に努め、臨時訪問の要否についても確認されたい。局長通知第12の1の(3)における申請時等の訪問及び局長通知第12の1の(1)における……必要がある場合には、「新型コロナウイルス感……令和2年2月27日厚生労

それにしても、あちこちで闘ってくださる団体や市議、区議たちのご報告のおかげで、窓口の水際手口が事前に分かり、武装できます。ありがとうございます。

――

さて。なにやら有名な建築家が設計したとかいう区役所に行ってきました。

私としたことが、新しい区役所ができたのだからもちろん、その中にすべての部署が入ってると思って、本庁舎に行ってしまったんですね。

お連れしたまさるさんはTOKYOチャレンジネットからビジネスホテルに入ったものの、所持金が90円にまでなってしまってSOSを送ってきたので、チャレンジネットのプログラムではなく、生活保護に切り替えることになったのでした。

エスカレーターに乗っても、ビルのデザイン性に「おお！」と声を上げるほどスタイリッシュ。区役所の階に着くと、エスカレーター脇に立ってる案内係が「キャナイヘルプユー？」みたいな感じで愛想よく近づいてきたので、「生活保護の申請にきたのですが、福祉課はどこでしょうか？」と聞くと、女性はこう答えました。

「生活保護のご相談ですと、電話での予約ということになってます」

いきなり予測不能なところからのジャブ。

はぁ？　マジなに言ってんのこの人、と思い、「場所を教えてください」と眉間にしわ寄せて聞くと、「では、四階に」と言う。

四階で案内の男性に、「生活保護の申請に来ました」というと、「え……じゃあ、一応あちらで」と廊下の奥を示される。

「一応」という言葉に嫌な予感がしたが、言われたところに行ってみると、「生活保護はここではない」と分庁舎の地図を渡される。この時点ですでに3時を過ぎており、焦りマックス。

その分庁舎も2カ所に分かれており、「お住まいの地域によって違います。お住まいはどちらですか？」と聞かれたので、「ネットカフェです」と答えると、「ネットカフェでしたら、TOKYOチャレンジネットが窓口となっておりまして」

間の悪いその職員に、脳内で飛び蹴りしてラリアットをくらわせながら、「そのチャレンジネットのビジネスから来てんですよ！」と噛み合わせた歯の隙間から言い、地図を受け取ると「ちょっと急ぎますよ」と、ほぼ駆け足で分庁舎を目指したのですが、どうですかね、このエネルギー削がれるやりとりの数々。どうして、最初の案内人は「生活保護の相談に電話予約が必要」だなんて嘘をつくのか、そしてどうしてこの時点で、分庁舎を案内できないのか。知らないの？　知らないなら案内するなよ。その誤情報って水際作戦になるんだけど、自覚あってやってるの？　無自覚？　第二の案内人はどうして、違う窓口を教えるのか。一体、どうなってるの？　あまりのことに、私は歩きながら彼らの言葉を一つ一つメモしていました。

3時半に滑り込んだ分庁舎の福祉事務所は空いていた。

待たずに相談室に入り、とても敏速に、そしてスムーズに生活保護の申請やその後のオペレーションが進んでいった。こんな素敵な経験は、この2週間ではじめてのことだ。

しかし、TOKYOチャレンジネットと福祉事務所がもめにもめた。

「自分たちのプログラムから降りるのだったら、いまいるビジネスホテルにいてもらうわけにはいかない」と、チャレンジネットは主張するのだ。しかし、もう5時を過ぎていて、福祉事務所もビジネスホテルを準備するのが難しい。

とても長い時間もめていて、相談係*が「いま、交渉中です」とそのたびに実況を伝えに来る。

待っている間、となりのブースで若い声のケースワーカーが、コロナでホテルの接客の仕事がなくなった年輩の声の人を、ねちねちと責めているのが聞こえる。

「あなたさぁ、いま急に困ったわけじゃないでしょ？　朝から困ってたわけでしょ？　なんでこんな時間に来たの」

「いまさぁ、ここは生活保護の部署なんだけど、もう5時過ぎちゃったからどこも閉まっちゃったんですよ。もっと早く来たら自立支援とかよその緊急小口とかいろいろ紹介できたのに」

隣の相談者の声が大きくなる。

「どうしてこんなに責められなくちゃならないんだ。イヤミったらしいことを言われたくない。自分だって、コロナがなければなんとかやっていけたのに」

やりとりが筒抜けの薄いパーティションを蹴らないように、必死でこらえる。必死でこらえる。バーンと扉を開けて、「ちゃんとやって！」と怒鳴らないように。

私のとなりでまさるさんがつぶやく。「ナニサマだよ。あんたの金じゃねぇだろが。だから嫌だったんだよ、福祉に来るのは」

私のような同行者がいなくても、ちゃんと相手の尊厳を守り、対応してくれる福祉事務所になって欲しい。

今日対応してくれた相談員もケースワーカーも素晴らしかった。だけど、安心できない。

「彼が希望する限り、アパート入居まで私はお手伝いしますから、今後ともよろしくお願いいたします。また、今後、チャレンジネットで所持金尽きる人が次々に福祉に流れてきます。なので、どうぞお元気でいてください。そして、みんなを助けてください」

そう言って頭を下げると、ケースワーカーは「うーわー」みたいな顔で仕方なさそうに笑った。

5月8日(金)　まるで刑務所みたいだ

刑務所みたいだなと感じる場所がある。

一部の良心的な無料低額宿泊所を除いた、多くの大型無料低額宿泊所（無低）。福祉事務所が住所のない人を多く送り込む施設だ。

こういうことを書くと、生活に困った人が福祉事務所に行くのを怖がってしまいそうで、躊躇する気持ちはあるが、事実が知られてないのも問題なので書く。

精神疾患に苦しむ人も、対人恐怖症の人も、刑務所から出所したはいいけど行き場がない人も、何十年も路上生活だった人も、派遣切りに遭った若い人も、反社会的組織を抜けて堅気になろうとする人も、知的障害がある方も、特に不自由や困難を抱えていない人も、持病持ちの方も、老いも若きも、さまざまなバックグラウンドを抱えた男たちが集められ、大体は相部屋で集団生活を強いられる。（個室がある施設も少ないがある）

シャワーやお風呂は数日に一度、決められた時間にしか入れない。食事も時間が決められていてメニュー内容は施設にもよるが、利用者が報告する内容をまとめると、大体は粗末で栄養の偏りがあり、それなのに生活保護費のほとんどを宿泊費と食費、管理費で持って行かれる。

福祉事務所側は、無低の位置づけを「アパートに入るまでの一時待機場所」と言うのだが、その「一時」は3年くらい続くこともあり、その間アパートの「ア」の字もケースワーカーから出ることはない。10年以上いる人もいて、力のある人は牢名主のようになって施設からも信頼され（なにしろその環境を生き抜いたわけですから）ある程度の権力を持たされ、他の入所者たちはその人に逆らえない。

新人や弱い人は、牢名主はじめ先住者たちにタバコ銭や小銭を常にたかられ、断れば食事にありつけなくなったりするケースも私は知っている。そんなのザラ。眼鏡も、パンツすら盗られた若い方の話も聞いたことがある。

そんな場所で生活を強いられている人が日本に3万人以上いる。

そして、ネットカフェで寝泊まりしている人の数は都内で約4000人。

福祉事務所に助けを求めれば「無低に送られるから」と、必死にネットカフェで踏みとどまろうとする人たちは多い。

だけど、ネットカフェって住むところか？　安全というにはあまりに脆弱で不安定で、そんな環境に長くいれば、人間の心身は徐々に弱って取り返しがつかなくなる。

足を伸ばして寝られない。女性は、常に上からのぞかれるかもしれない不安に怯えながら着替えをする。鍵もないドアに荷物を押し当てて、体で押さえるようにして横になるが熟睡はできない。コインシャワーは数日に一度。髪を毎日洗いたいと常に願いながら過ごしている。

住まいは人権なのだ。

プライバシーが保てる安心、安全な場所があってはじめて、人は生活を積み上げることができるのではないか。

この国でこうした生活をする人達が放置され続ける現状を見ていると、つくづく「人権の軽視」がこの国の根幹にあると感じる。

「この人たちは自業自得なんで仕方ないですよ。好きでやってるんだから、心配することないですよ」

政治家たちはいつの世も、スケープゴートを置いて人々の不満を逸らす。ああなったら最後だよと、恐怖を植え付けて忌避感を募らせ、共感させないようにメディアまでも駆使する。

そうだ、刑務所よりも更にひどい場所もある。

入管収容施設だ。

外国人だというだけで「人」であることすら否定されているような扱いを受ける。やってる方は日本人の入管職員なのだが、それはもう、人間がやることとはとても思えない。

（＊入管に関する記事について詳しく知りたい方は、是非「移住連」のホームページをのぞいてみてください。https://migrants.jp/index.html）

日本における人権感覚の欠如。

この問題の絶望的な深刻さに、日本人がみな気づいてくれる日は来るのだろうか。知れば「日本素晴らしい」なんて無邪気な言葉は、もうどうしたって言えなくなるはずなんだ。

5月8日その2　素朴で無神経な質問すんな！

ご報告。

ＴＯＫＹＯチャレンジネットからビジネスホテルに入ったものの、所持金90円になったところで、連休前日に生活保護の申請に同行した相談者の**まさるさん**。

チャレンジネットが用意したホテル↓福祉事務所が用意したホテルに引っ越しが決まりました。また、連休中の貸付金も尽きるので、生保の決定が出るまでの期間の貸付を受け取りました。ここまではスムーズだったのですが……。

緊急事態宣言が解除された後の出口について、ケースワーカーと話し合いました。まさるさんは過去に他区で生活保護を利用し、無料低額宿泊所(無低)に入れられ、耐えられずに勝手に施設を出て生活保護が失踪廃止になった過去があります。なので、ビジネスホテルの期限がきた後、ネカフェに戻るのでは本人の自立を永遠に閉ざすことになるし、ましてや無低の選択肢はないですよと話しました。

するとケースワーカーさんは言いました。

「うちとしてもそういう施設しかないんですよ」

「あ、それならすぐにアパートに入れてください」

すると……、

「私たちはこの方のことをまだ知らないし、これからじっくり生活様式やお人柄を見ていく上で、金銭管理ができたり、部屋の管理ができたり、人間関係でトラブルがないかとか、光熱費とか払えるかとか、そういう生活実態を見させていただいて、それができるようならアパートをという流れになります」

っていうんですよ。まぁ、これ、どこでも言うんですけどね。心の中で思うわけですよ。

「ケースワーカーさん、あなた自身、いまご自分でおっしゃったこと、ぜんぶできてます?」

私自身、お掃除は週に一度しますけど、片づけは絶望的です。ツレもそうです。年金、この2カ月滞納してます。電気代も忘れた事あります。20年前にチャレンジしてみた家計簿など3カ月も続かなくて、しかも収支は一度も合いませんでした。でも、賃貸で暮らしてますけど？　それともなんですか？　私も無低に3年くらい入らないとダメですかね？

無低で暮らすことに比べたら、アパート生活なんて何十倍も楽ですよ。ここもまた刑務所みたいなシステムですよね。「苦しい日々に耐え、模範でいたら減刑してやる」みたいな。福祉事務所のケースワーカーが刑務官に見えてきます。


なので、言いました。

「これまで保護→無低→路上→保護→無低→路上の永遠ループを繰り返してきてる人を何人も見てきました。そういう人たちがアパート暮らしを始めて、何年もちゃんと維持できているのを私たちは中野ですでに実証しています。みんな一人暮らし、できてますよ！　もうそんな不毛なことはやめましょうよ。若い人が再び安定した家に住んで、しっかり健康を取り戻して、働くなり、文化的で最低限度の生活を送れるようにサポートするのが、私たちのような民間の支援団体や福祉事務所の仕事ではないですか？」結構真剣に説得したつもりです。

ケースワーカーは無表情で「あなたの考えとしてはお聞きしました」と軽く流し、過去3年ネットカフェで暮らしていたまさるさんに向かって、私ものけぞる質問をしました。

「これまで、どうしてネカフェからアパートに入ろうと思わなかったんですか？」

さすがにこの質問には相談者のまさるさんが声を荒げました。

「入れるわけないじゃないですか！　一生懸命働いても10万くらいにしかならないのに、なんとか食べて、ネットカフェ代払って、ロッカー代払って、どうやって初期費用とか貯めるんですか!!」

ケースワーカー(以下CW)「では、ずっとアパートに入りたいと思っていたんですね」

まさるさん「当たり前じゃないですか!!」(↑叫び)

CW「どうして以前、生活保護を利用したときに施設を出ちゃったんですか？　相部屋だったから？」

まさるさん「そうですよ。全然知らない人たちと同じ狭い部屋で生活するのは辛すぎた」

CW「そんなにアパートに入りたかったのなら、ネットカフェにいる間、どうして福祉事務所に助けを求めなかったの？」

まさるさん「福祉事務所に来れば、また無低に入れられるからじゃないですかっ！」

当然の怒りだと思いました。

ひどい生活保護運用のせいで、これまで助けを求めることすら諦めてきた人に、よくこういう無神経な質問ができるものだと呆れかえりながら、私は会話をメモメモしていました。

この後、私もまた介入しまして、ケースワーカーは渋々「アパートを探してください」という流れになりましたが、探すべきアパートの説明はありませんでしたので、私から情報提供するつもりです。すぐにアパート探しを手伝いたいところですが、多くのネットカフェ生活者がそうであるように、日雇いや短期契約の仕事を転々とするために、住民票がどこにあるのか分からなくなってしまっているのです。ネットカフェ生活者のアパート探しのネックは、この住民票の所在と、携帯電話(多くの人が通話不可、Wi-Fi環境下でのメール通信のみ可能)の2点が大きいと感じています。

そこで、住民票捜索に別の区に行き、給付金のためのマイナンバー申請者とおぼしき人の群れの中、2時間待ちでいろいろ問い合わせなどを済ませ、まさるさんと別れ、別の区へ。

――

3時に待ち合わせた、相談者ゆいなさんのアパート転宅です。

先月14日に女性団体からお引き受けして生活保護の申請をした、若い女性のゆいなさんを、昨日アパートのお部屋に案内しました。

あっちにぶつかり、こっちにぶつかり、ふうふう言いながら、大きな荷物を一緒に運びました。

緊急事態宣言が解除された後に、彼らを再びネットカフェに戻してしまうのは絶対に避けたい。ネットカフェの生活が長引けば長引くほど、その人は健康を損ない、身分証や住民票なども失い、仕事の選択肢も未来も先細っていくのですから。

これまでアウトリーチをしたくても、絶対にリーチできなかった人たちです。一人でも多く安定した住居へ移行してもらう支援をしなくてはいけない。

「助けを求めても結局同じ地点に戻った」はダメです。

ビジネスホテル入居がゴールだと思っていると、ビジネスホテルの利用期限が切れてしまったら元の木阿弥となります。支援してくださる仲間の皆さんにも、お願いします。ご本人の希望があれば、そこかならずアパートまで支援してください。アパート転宅にはまとまったお金が出ます。だから、そここそが自治体が一番抵抗するところなので、皆さんの力が必要です。よろしくお願いします。

疲れ果てて「つくろい東京ファンド」のシェルターの屋上に上がると、大きな満月がビルの横から上っていくのが見えました。

5月13日(水)　台東区役所の係長は嘘つきの巻

伏せ字にはしませんよ。今回は。

生活保護を初めて利用する高齢の相談者さん(盛夫さん)と台東区役所へ。

警備員のおじいちゃんたちがとてもフレンドリーでヘルプフルなので、下町情緒を感じながら2階の福祉事務所に行ってみると、受付カウンターに若い男性スタッフが2人立っていました。

こちらが近寄って行っても何も言わずにただ立っている。威圧感……そして吹っ飛ぶ下町情緒。「生活保護の申請にきました」と伝えると、受付フォームと、更なる用紙一枚をカウンターで書くように言われ、「初めての申請の場合、かなりお待たせすると思います」そして、過密を防ぐために10階の特設の待合い室へ行くも、待ってるのはたかだか5人ほど。拍子抜け。

私が眼下に広がる廃校の写真なんか撮って喜んでいると、10分もせずに名前を呼ばれる。

インテイク(相談者に行う最初の聴き取り)をする相談係、ケースワーカーともに若い方でした。いろいろオペレーションに問題はありながらも、悪い人では決してなく、教育の仕方次第では良い仕事をする人たちなんだろうなぁと思わせる人たちでした。

驚いたのは、この2人とも、東京都が確保したビジネスホテルのことを何も知らない様子だったことです。最初はしらばっくれているのかと思ったのですが、やり取りの中で「え、ホントに知らないのね？」とこちらもキョトンとするほどに、2人とも何も知らなかった。

聴き取りも重複が多く、また、しなくてもいいような内容も多く、そして2時間もの聴き取りの後にようやく申請書が出てくる手順とか、問題はたくさんあるのですが、係長の問題に比べたらかすむほどです。

ビジネスホテルに滞在させてくれという要望に対して、何も知らない様子のケースワーカーに「係長に聞いて」とお願いすると、出てきた係長はたくさんの名(迷)回答を残してくれました。

私は、できることなら音声など録音したくないのです。ですから、今回もこりゃまずいと思ったところから録音をしました。折角ですから、そのままお読みください。

係長「いままでネットカフェにいらっしゃったんですね？それは区内の？あ、そうですか、区内ね。分かりました。ネットカフェの方ですと、5月31日までビジネスホテルに泊まれるっていう制度があるんですよ。なので、そうするとそれっていうのは、生活保護を申請しちゃうとその前日までになっちゃうので」

小林「前日までっていうのは？」

係長「そこ(ビジネス)に泊まりながら生活保護を利用するっていうのはできないんで」

小林「できます。できます。みんなできます。他区はどこもやってます」

係長「その……新しい文書が出たんです」

小林「どんな文書ですか？　いつですか？」
係長「ちょっと待っててくださいね」
そう言うと、係長はケースワーカーをともなって相談室を出ていき、なかなか戻らない。しばらくして戻ってくると、手には小さなメモ用紙。ボールペンの手書きの文字が見える。それを見ながら、
係長「あ、今日付けですね。今日付け」
小林「今日付け？　ちょっとその文書を見せてもらっていいですか？　コピーをもらえたら嬉しいです」
係長「ちょっと待っててください」(ふたたび出ていく)

散々待たされた挙句、係長の言う「新しい文書」は出てこないどころか、係長、そんな発言をしたことすら忘れたかのように、
係長「聞いてみたんですけど、(ビジネスホテル)使えることができるということでした」
小林「あたりまえです(文書はどうなったんだ？)」
係長「今日は応急援護があるので、明日から31日まで泊まれますので、チェックアウトは6月1日となります」
小林「え、今日は泊まれないんですか？　時間が遅いから？　応急援護ってなんですか？」
ケースワーカー(以下CW)「応急援護は生活保護が決まるまでの援助で、先ほどお渡しした6000円」
小林「は？　今夜はホテルに入れないんですか？　東京都が用意しているホテルに入れないの？

なぜですか？」
係長「今日から、ホテルに泊まりたいと？」
小林「はい、今日、申請しているんですから」
係長「空きが分からないので」
小林「ガラ空きですよ」
係長「あ、そうですか。では三カ所あるのですが、上野と浅草とぉ、秋葉原だとどこがいいですか？」
盛夫さん「〇〇で」
係長「じゃあ、空きを探してきます」(出ていく)
小林「さっき、何で係長は明日からって言ったんですか？」
CW「東京都に確認したんだと思います」
小林「東京都に確認したら今夜から使えって言うと思うんですけど。何で明日からって言ったのかしら？　謎なんですけど」
CW「東京都に言われたんだと思うんですけど」
小林「絶対に言わないと思いますよ。あれかしら、明日にすれば私がついて来ないとでも思ったのかしら？　ずっとついてきますよ(笑)」
小林「応急援護っていくら出すつもりだったんですか？」

CW「ですから応急援護は一日3000円で」
小林「え？　金曜日までの3日分の食費として渡された貸付のこと？　あの6000円を宿泊代込みで使えってこと？　そういうことを言ってるの？」
この後、係長は頭と額に玉の汗を浮かべながら、ようやくビジネスホテルの用紙を持ってきてくれました。

係長のコント、お楽しみいただけたでしょうか？

私は正直呆れてしまって、怒るべきなのか憐れむべきなのか分からなくなっています。

でも、これまでいろんな人と良い信頼関係を築き、一生懸命生きて、活躍してきて、いまは体調をひどく崩している相談者の盛夫さんが漏らした言葉が、この問題の大きさを物語っています。

「一人で来たらひどいところに住まわされますねぇ」

「こんな思いをするなら早く生活保護を抜けたい」

「一人で来たら絶対に無理でした」


申請したその日に、決定も待たずに「抜けたい」と言わせてしまう福祉ってなんなんでしょうか？

盛夫さんは困窮していく中で眼鏡も失くしてしまい、障害に近いほどの近視の目に、友達から借りた眼鏡をかけています。度数が全然合わないから、階段を降りるときはとても怖いと言っています。

あ、そうそう。

たまたまだと思うし、いつものオペレーションでしかなかったのでしょうけど、ずっと水分をとっていない盛夫さんの熱中症が心配になり、2分ほど相談室を抜けて自動販売機に走りました。戻ってくると、「一時待機はドヤか無低」(注：ドヤ＝宿を逆さにした言葉。主に日雇労働者を対象とした簡易旅館)という話になっていて、「はいはい、ごめんなさいよ。ちょっともう一回説明してくださいな」と慌てて介入し、本人の口からビジネスホテルを希望してもらいました。

油断も隙もあったもんじゃない。

申請審査に必要な聴き取りだけして面談時間の短縮化に努めてほしいと再三お願いしたにもかかわらず、14時15分に始まった相談は17時半近くまでかかりました。

アパート入居まで手伝って欲しいと依頼を受けたので、さっさとアパート転宅を進めて行こうと思います。若いケースワーカーさんがしっかり一緒にサポートしてくれると私は信じています。

5月15日(金) コロナ禍で初めて相談者をいたわる係長現る

コロナ禍中、いろんな自治体の福祉事務所に申請同行したが、初めて(コロナ以前でもあまりなかったかも)、「大変だったねぇ」と当事者をいたわる係長が現れ、相談者**サキさん**はもう反応できないくらい放心していたけど、私が感極まって「この一カ月、初めてその言葉を聞きました」と涙声になるという一幕あり。

この福祉事務所に来る前に、サキさんは友達に付き添われて神奈川県内の福祉事務所を2カ所訪ねている。どちらも、とても親切な女性相談員が話を聞いてくれたそうだ。しかし、生活保護を希望していたにもかかわらず、不仲な親の元へ戻るよう説得されていた。

2カ所目の福祉事務所では、「また困ったらいつでも来られるように記録を残しておきますね」と言ってくれたそうだが、「大変だったねぇ」と、いたわりの言葉をかけてくれた係長が「記録を残した」と言った福祉事務所に問い合わせたところ、記録は見つからなかった。

「残ってないんですか？」サキさんが驚いたように係長を見た。「私の聞き方が悪かったのかもしれませんが…」係長も困惑顔。記録をしなければ、公表される相談件数って実際より少なくなってしまうのではないかなぁと考えて、私の顔が曇る。

5月15日その2　利用者さんの態度は、あなたたちの態度を映す鏡なんや

台東区福祉事務所の係長のトンデモ対応を公開設定でFacebook投稿し、とんでもない数のシェアをされた後で台東区福祉事務所に同行してきました。

一昨日は午後に行って、5人くらいしか待ってる人がいなかったのですが、今日の午前中も似たようなものでした。しかし、受付には怒号が響いている。それも複数箇所で。

九州からでかいスーツケース2つとバッグ一つ持って上京し、ここ数日上野で路上生活している高齢男性が、受付でもめている。

大事な電話がかかってくるのに携帯の充電が切れて困ってる、充電させてくれと頼むのを、がんとして受け付けないから、必死なその人が次第に大きな声を出す。

たまらなくなって介入する。

若い受付男性が言うには、「区役所は税金で賄ってるので」

私は「あなたの給料もですよね。そして、その方は長い人生の中で随分と税金を払ってきたと思うのですが……」

受付「ですが、一人に許可しちゃうと全員に許可しなきゃならないんで」

「全員が充電したがるなんて、そんなことおきるわけないだろうが！」怒る高齢男性。

私はふと、困ってる人がいたらガンガン充電させる各機種対応充電ポートを置いてもいいんじゃないか？と思いました。ナイスアイデア!!

携帯電話を辛うじて持ってる路上生活者にとって、それは命綱だから。

交渉していたら、「iPhoneですか？」と通りかかった若者が声をかけてきた。自分の持っていた充電器を使わせてくれるというではないか。2人で頭を下げる。心の中では、こういうことは福祉事務所が柔軟に対応してよ、と思う。

いまはコロナで充電できる店も開いてなくて、充電できる場所を探して閉店してる店に忍び込んで逮捕されたネットカフェ生活者のニュースもあっただろうに。


と、すぐ後ろで、高齢の女性がキレた。

それまで若い男性ワーカーに「だから、さっき言ったよねぇ！」と書類の書き方を怒られていて、思わず「こえ〜」と私が声を漏らすほどの失礼な物言いを耐えていた小さなお婆さんが遂にキレて大騒ぎ。

その横では、受付の対応応援に出てきたちょっと年かさのワーカーに、生活保護利用者の方が、

「おい、さっさと対応してくれよ、○○(ワーカーの名前)このバカ！」と怒鳴っていて地獄。

こんな日常はワーカーたちにとって大変なのかもしれないけど、相談者さん、利用者さんの態度は、あなたたちの態度を映す鏡なんやで、となぜか関西弁で思いながら、充電を待つ高齢男性に名刺を渡し、「生活保護の申請を断られたり、変な対応されて困ったら必ず連絡くださいね」とワーカーたちに聞こえる声で言って、次の目的地に向かう。

5月17日(日) ハウジングファーストで安心できる住まいを

読売新聞に「困窮者向け宿泊所　10人部屋　感染怖い」という記事が出ていました。

東京都はネットカフェ生活者の避難先として、今月末までビジネスホテルを提供してますが、6月から送られる施設が、劣悪な環境が多いことで知られる無料低額宿泊所では、彼らは再びネットカフェに戻ってしまいます。

不安定な居住環境のもとでは、コロナ感染拡大の第2波、第3波が来たときにまた同じことの繰り返しです。

こんな悪循環を繰り返せば、当事者たちの疲弊だけでなく、社会的な損害も大きくなります。ハウジングファースト型の支援で、彼らに安心できる住まいを提供することが何より大事。

5月19日(火) 安心したらお腹が空いてきた

一時に辛いことが重なって絶望していた若い女性のサキさん。地元のビジネスホテルでの一時待機が認められ、明日からアパート探し。6月には自分のアパートで新生活が始まる見通しがついて、「安心したら急にお腹が空いてきた」と、ストレスで何も食べてなかった人の若い顔に弾ける笑顔。

5月21日(木) 今日困窮している彼らは、明日のあなただ

ついに夜のニュースを見る余裕もなくなった今日この頃ですが、コロナ対策で目立っている大阪の吉村知事とか、東京都知事に立候補するホリエモンとかが話題になっているようで(注：結果的に出馬せず)、ただただ沈鬱な気持ちに沈むばかり。

これからこの国が迎える明日は、「早く元に戻るように」と願う人には悪いけど、戻らない。もともと桃源郷でも何でもなくて、上辺だけつくろって中身は腐ってるみたいな状態だったのだから、元に戻っても少しの間、誤魔化されるだけに過ぎない。誤魔化されてる間に、腐ってしまった部分はその領域を広げていくだけ。

だから、現実から目を背けずに、一人ひとりが「変える」覚悟を持ってもらわなくては、本当に困るのだ。

変えてくれるのは、派手なパフォーマンスやズケズケした物言いで、上辺だけつくろうやり方をしてきた人たちでも、政治をゲームだと思ってるようなイロモノでもない。

首長や政治の首を変えるだけでは簡単に変わらないかもしれない、それならば、いまはとりあえずポジションにいる人たちに現行のパフォーマンス以上の働きをしてもらうしかない。

ビジネスホテルは用意したと大々的にメディアに発表しながら、当事者に対してそのアクセスを

遅々として広報はしなかった東京都に、市民が抗議して広報をさせ、ちゃんと運用させたように、市民が見張らなくてはダメなのだ。

任せっきりは楽だ。でも、市民がある程度は政治参加する社会になってからでないと、その安心は手にできない。任せっきりは、独裁を企む者にとって栄養たっぷりな土壌になる。

アベノミクスなんて言葉で誤魔化されてきた日本の経済が、とっくに崩壊していたのをコロナが可視化させた。この2カ月間、私が対応している人たちは、いわゆる多くの人が想像する「ホームレス」ではない。補償も出ないまま休ませられている正社員もいれば、この国の文化・芸能を支えてきたアーティストもいる。

「困窮者」「路上生活者」「ネットカフェ生活者」というひとくくりのフォルダーに収納された中身は、一人ひとりの生身の人間。あなたや私と変わらない顔も名前も歴史のある一人ひとり。

経済危機の煽りを受けて、住む場所すら失った彼らに、持たざる者に厳しすぎる福祉制度や社会が追い打ちをかける。

私は彼らの姿に、近い将来の自分を見る。明確にイメージができる。

いまの彼らは、このまま進んだ先のあなたでもある。

市民は未来を選べる。

市民は未来を作れる。

現実逃避して分かりやすいヒーローを待ち望んでる場合じゃない。

みんなが耐えた。犠牲者もたくさん出したこのコロナ禍を良い方向に転じさせないと、あまりに浮かばれないではありませんか。

誰もが尊厳を保ちながら生きられる社会を作っていきましょう。もう、後がないです。

同日追記 お金がないのも、仕事がないのも、家がないのも、本人のせいではないことが多いのに、福祉の窓口ではいくつもいくつもの水際をされ、資産から経歴から何から何まで聞かれ、アパート転宅が許可されれば、今度は不動産屋で生保というだけで断られ、なんとか生保OKな物件が見つかっても、今度は保証会社や大家の審査で落とされたり……。生活に困窮すると、これほどまでに何度も何度も否定されることが続くわけです。あんまりですよね。明日は我が身だと、自分の問題でもあると、どうしたらみんなが考えてくれるか。貧困が私たちにとても近づいてる今こそ、変わるチャンスだと思うのですが、どうも雲行きは怪しい。私も諦めずに進もう。

5月26日(火) 外国籍の人たちが溢れている

昨日訪れた福祉事務所には、生活保護や自立支援の新規相談窓口に外国籍の人たちが溢れていた。南米系の人も、アジア系の人も、アフリカ系の人も、通路を通れないほどにびっしり立って順番を待っていて、職員があたふたと走り回っていた。

階段の手すりに寄り掛かって待っているアフリカ系の人が、声も出さずに静かに涙を流していた。

今日、私たちのところに舞い込んだ相談はバングラデシュの一家を支える**ラシッドさん**。コロナで仕事を失い、ビザも変わってしまった。新しい職を得たものの、ビザを待っている間に貯金が尽きた。そんな友達がたくさんいるという。

臨時の給付金さえ受け取れない人たちが溢れている。民間が支援する規模を大きく超えている。助けてくれと言えば、「国に帰れば?」とか、「外国人が生活保護とか言うな」とかバッシングの嵐が吹き荒れる国。

それで、いいの? 日本という国は、社会は、それでいいのかい?

この国はどこを目指していくのだろうか。それが問われているよ。

5月26日その2　だって、死んだ人間は出ていけないでしょう?——鈴子さん

SOSを受けて、稲葉と女性(鈴子さん)に会いに行く。

生活困窮者自立支援制度*の窓口からビジネスホテルに入室した人。

東京都の場合、生活保護ならば決定までの間、多少の貸付金が出るし、チャレンジネット経由であれば3食の弁当が出る。しかし、生活困窮者自立支援制度の窓口からビジネスホテルに入室した人には、お金も弁当も出ないおかしなルールになっている。少ない所持金をとことん節約し、2週間で5000円しか使わずにやってきたという。ちゃんと食べていたのかと心配になる。

住民票も携帯電話も身分証もない。

ご事情があって、かつての住所に10年以上住民票を放置してしまった。人づてに、住民票を3年〜

5年放置すると死んだと見なされて登録を抹消されると聞いたという。

（実際に死亡扱いになるのは、家族が失踪届を出して7年経過の場合。住民票は関係ないが、一般的に知られていることでもないから、彼女が信じ込んだのも無理はないと思う）

「死んだことになってる人間が出ていったらまずいと思って」助けを求めることもできなかった。

コロナ以前、ファストフード店が深夜も営業していた頃はそこで寝ていた。

その生活の中で置き引きに遭い、携帯電話も、身分証も、一つ一つ失くしていき、ついには自分を証明するものがなにもなくなった。

私も稲葉も言葉を失って、彼女の目を見たまま固まっていた。我に返ってやっと「あなたは生きてます。しっかり目の前にいらっしゃいます。これからも生きていきます」と言うと、稲葉が珍しく大きな声で「そうですよ！」と言った。

社会的には死んだことにされていると思いこみながら10年以上を生きてきた人。その深い孤独はどんなだったか。

「こんな雨の中、わざわざ来てくださってありがとうございました」

別れぎわ、鈴子さんは何度も何度も、両手を合わせて深く頭を下げた。

こんな現実を、こんな十数年を生きてきた人がいる。

よくぞ、よくぞ生き抜いてくださった。

もう、安心しましょう。安心しましょう。

同日追記　壮絶な人生を歩いてきた鈴子さんは、たまたま同じビジネスホテルで知り合いの女性に出くわすんです。その人はなかなかすごい人で、単独で生活保護申請してさっさとアパート転宅も決めたんです。それまではその知り合いがいろんな場面で携帯を貸してくれたのだけど、彼女はホテルを出ていくからもう携帯を貸せなくなるということで、「鈴子さんをよろしく頼む」と私たちに連絡をくれました。その人がいたからこそ。地獄で仏ですよね。これからは運が向いてきますように。

「社会的には死んでる」と思い続け、一人でマックで寝ていた彼女の十数年。ホテルに聴き取りにきた役所の人もさすがにショックを受けたようで、「生き返れます！」と叫んだそう。これからは新しい毎日が送れるよう。良い人に沢山出会えるよう祈らずにはいられません。必要としてもらえるなら、ずっと関わり続けます。

5月27日(水)　困ってる人に日本人も外国人もあるもんか

バングラデシュのラシッドさんの緊急支援で高田馬場へ。

通訳として働いて家族4人を養う父親。コロナで仕事がなくなり、しばらくは同郷ネットワークで助け合って日雇いやアルバイトもしていたが、ついにそれも無くなり、全員が共倒れた。

入管、区役所、社協(社会福祉協議会)などの公的機関は全部行ったが、転職のタイミングが悪すぎてビザのはざまにおり、制度が使えない。

民間支援団体にもすべて出向いた。家族を守るため、なりふり構わず。

区議会議員が丁寧な聴き取りをしてくれ、区民住宅の家賃を一定期間減免にしてくれたり、弁護士つけてくれたり、カンパを募ってくれたりして助けてくれた。この丁寧な聴き取りのおかげで、時間のない私も複雑な状況を正確に把握することができた。ありがたかった。

子どもたちには現状を悟られたくない。貯金は教科書代や制服代に優先的に使った。

「かわいそうな思いはさせたくない」

ビザさえ出れば、もう次の仕事は決まっている。(入管への問い合わせは区議が尽力してくださっている。)


しかし、それにつけても入管の対応はすごい。もちろん悪い意味で。

対応する職員ごとに違うことを言う。

極めつけは、「日本にいたいなら日本人の奥さんもらうしかない」と言った人。

「えっ……ぼくの奥さんと子どもたちはどうすれば?」と聞くと、「国に帰ってもらえば」とサラッと言ったそうで、私は見開いた目が乾いて閉じなくなりそうだったけど、「心がないロボットなのかもしれませんね、その職員は」ということで納得することにする……って、納得できるかーっ!!


ラシッドさんは、「子どもたちが育ち盛りだから」と、フードバンクに向かって去っていった。

困ってる人に日本人も外国人もないよ。

とりあえず、頭の中で入管職員にはハリセンをおみまいし、次の場所へ。午後は申請同行なり。

5月27日その2　ラスボスは千代田区役所だったという話

千代田区。

困窮者自立支援窓口からビジネスホテルに入ったものの、仕事がなく生活保護に切り替えることになった相談者さん(あきおさん)に同行。

あきおさんは千代田区の生活困窮者自立支援の窓口からビジネスホテルに入っていた。その場合、生活保護のように貸付の現金が出るわけでもなければ、チャレンジネットみたいに3食の弁当が出るわけでもない(というルールになっているのは前にも書いた)。

所持金がなくなる中、昨日、職員から電話が掛かってきて、ビジネスホテルの利用が6月9日まで延長になった旨と、その後どうですか？ というご機嫌伺いがあったという。

「現金が200円ちょいしかないから生活保護に切り替えたい」と、予約をした上で福祉事務所に出向いていきました。

初夏の日差しが照り付ける午後の千代田区役所。堂々たるビルディングです。そして目の前にはお濠と、なかなかな立地です。こんな立派な区役所の福祉事務所なら、良い対応をして下さるに違いありません。

3階に上がっていくと、生活相談の窓口には個人事業主っぽい中年男性が2人相談していました。待合いの椅子は全部空いています。

おや？ 私はキョロキョロしました。

誰に声を掛けてよいか分からないので、そのまま歩いてシールドで囲まれた受付ブースに行き、案内してもらいました。

若い女性の相談係がカウンターに座りました。
あきおさん「生活保護の申請に来ました」
若い職員「お荷物は全部持ってきました？」
はにゃ？　なぜ、荷物を全部持って来なくちゃいけないのかしらん？
まさかと思うけど、無料低額宿泊所に送る運び？

「ビジネスホテルのまま、生活保護を受けます。そして、ビジネスホテルからアパート転宅をするつもりです」

その言葉を述べると、担当者が目の前から消えました。次に別の相談係がやってくるまで、私たちはカウンターで、あまり忙しそうには見えない職員たちをシールド越しにぼんやり見つめ続けることになります。1時間10分もの間。

その間、何度か「せめて生活保護の申請書を出してください。待ち時間に書きますから」と何度かお願いして無視され、「申請権の侵害になりますよ！」と私が大き目の声で注意する場面もありましたが、どうしたことでしょう？　まるで私が見えていないかのようです。私は透明になったのでしょうか？　透明になったなら、職員たちの財布でも失敬して、冷たいジュースでも買ってきたいところです。私もあきおさんも、昼飯を食べてなくてお腹ペコリーノなのです。あきおさんはお金がなくて。私は時間がなくて。

13時45分にカウンターに座り、
14時55分にようやく受付カードが出てきて、

15時にやっと面談が開始されました。

若い相談係ではなく、今度はベテラン風の相談係です。

「さっき、荷物を持ってきたか聞かれたのは何でですか?」と聞くと、「ハンコとか身分証とか入ってるかなぁと思って」とおっしゃるので、「ポケットに入りますよね。全荷物持ってこなくても」

あきおさんには両親がおらず、親の違う兄弟がいるのみ。しかも不仲で40年くらい連絡も取っていない。その兄弟に扶養照会(福祉事務所が親族に対して申請者を支援できないか確認すること)をするかもしれないという。運用に忠実というよりも、ただの嫌がらせとしか思えません。あきおさんが「べつにシカトされるだけだからいいですよ」と全然ダメージを負わない人だったのが救い。だが、この扶養照会がハードルになって生活保護を拒み続ける路上生活者は多い。

対応はとにかくヒドイの連続だったのだけど、一番困ったのは、以下2点。

- 所持金ゼロ円だろうと、貸付金はビタ一文出さぬ。
- 生活保護の決定までに2週間で済むことは千代田区ではほぼない。決定まで一カ月はかかります。貸付を出すか、決定を早急に出すか、どっちかにしてくれないと、相談者は保護を受けながら餓死しますよと強く主張すると、「だから3食出る無低」とくる。

しかし、現在はコロナ禍で集団部屋は厚労省からも「避けろ」と言われている。そこで、「戸塚と埼玉にある個室無低」なんだそうで。戸塚? と、つ、か!? ここは東京都千代田区ですよね?

最初に助けを求めた困窮支援窓口であきおさんが「所持金がない」と訴えたとき、窓口はフードバンクを紹介したらしい（家と現金がない時点で、すぐ生保にしろや！）。

そこで、彼はフードバンクに行き、また、私たちの支給する支援金で何とか生きてきた。ところが、2度目のフードバンク訪問で、「役所と相談したら？」と言われた。その福祉事務所は「福祉事務所としては別にフードバンクと連携しているわけではない」と言い出して、その説明を困窮者自立支援担当の「社会福祉法人やまて福祉会（以下、やまて）」の職員がしてくれた。

やまては、TOKYOチャレンジネットや、利用者の評判が極めて悪い無料低額宿泊所を運営し、またあちこちの福祉事務所内での福祉業務を委託されている民間団体だ。

千代田区では、やまての職員が生活困窮者自立支援を請け負っていた。正直、やまてが運営する無低の実態がひどいとあちこちから耳にしすぎているため、やまてに良い印象が無い。にもかかわらず、千代田区福祉事務所の中で一番まともというか、少なくとも人を無視しないで話を聴く人がやまての職員だったという地獄の3丁目ぶりに私達は愕然とするばかり。

結局、千代田区福祉事務所は、食べ物の現物給付と180円の切符2枚をあきおさんに渡し、この日は終了となりました。

あ、180円で行ける岩本町に「さくら」っていう無低があるみたいですが一枚はホテルまでの帰宅用。もう一枚は決定が出たときの役所までの足代だそう。

5月28日(木)　ワンワン泣いていた彼女

神奈川です。

5月中旬、夜に大きな紙袋を持って、駅前のロータリーで泣いていた若いサキさんがアパートに入る。ワンワン泣きながら、よく頑張りましたね。本当によく頑張りましたね。

お酒を飲めない彼女に、若い子が喜びそうなかわいいミカンのシロップ漬けと、自分では絶対手を出せない値段のハンガリーのハチミツを引っ越し祝に携えて。

5月28日その2　祝アパート契約×2人

サキさんと、台東区役所に同行した高齢男性の盛夫さんが、本日揃ってアパートの鍵を手に入れた。待ち合わせしたサキさんは、「小林さんに会ったら一番最初に知らせようと思っていた」と、給料がないまま休みにされていた仕事が6月1日に再開されることを教えてくれた。両手を上げて喜んだ後で、「綱渡りだったねー!」と冷や汗をかく。

休業中に家を失った彼女は正社員。仕事で使うものをぜんぶ配送会社の倉庫に留め置いてもらっていた。

休業補償を出さないような会社でも、彼女にとっては夢にまでみた憧れの仕事で、それも正社員。仕事を手放したくない彼女のために、アパートはどーーーしても急務だった。

部屋がないと前の家から発送した荷物を受け取れない。受け取れないうちに緊急事態宣言が解かれ仕事再開となったら、彼女は失職してしまう。

生活保護につなぎ、決定を急がせた上で給付金の申請書が家族に発送されるのを止める手続きをし、半月はビジネスホテルに住みながら生保を受け、先週末までにアパートを探し、今週月曜(5月25日)に一時金申請。本日木曜(28日)にお金が出て、無事に契約と相成ったわけです。

仕事再開を聞いて、相談員も手を叩いて喜んだ後で、「ギリギリセーフでしたね」。

申請からこれまで、ドキドキする場面もあったが、福祉事務所職員には助けられた。家具什器費がこの自治体では一律2万9700円までしか出さないという点では、今後大いに改善要求をせねばならない。リサイクル品でもその金額で買えるのは洗濯機と冷蔵庫くらいだ。ガスコンロも、電子レンジもカーテンも、炊飯器もテーブルも掃除機も、食器類や鍋釜も買えない。

「これまで、その額しか出してない。他のみんなと合わせなくては……」というのなら、家具什器を何も持たない今後の申請者を全員、特別基準の4万7100円に合わせるべきです。神奈川県だけ家電や家具が昭和初期並みに安いわけではないでしょう? 時代に合わせるべきです。ニーズに合わせるべきです。「健康で文化的な最低限度の生活」を保障する制度なのですから。

担当ケースワーカーは、なんとか特別基準4万7100円が出ないか、会議で頑張ってくれるみたいだけど、役所内での分は悪そう。どうなるだろう。援護射撃はできないものか。

彼女が自分の人生を歩むアパートは広かった。

Wi-Fi環境でなければ使えない彼女の携帯電話の代わりに、私のスマホを貸して、ガス、水道、電気の開始連絡をしてもらう。横で私はフローリングをゴロゴロしたり、ストレッチしたり。

その後、役所に戻って転出、転入手続き&住民票の取得、携帯電話の会社へ。

でも、身分証がまだできないいま、彼女に携帯やWi-Fiの契約はできない。困っていたら、つくろい東京ファンドの事務局の佐々木大志郎氏が自分の私物を貸すというではないか……。なんて優しいんだ、大志郎さん！　君の優しさに底はないのか?!


役所でも、不動産屋でも、携帯ショップでも、私は「お母さん」と呼ばれた。そのたびに流れるビミョーな空気。

別れ際、ああ、この駅前のベンチでサキさんはタオルを顔に押し当てて泣いていたのだなぁ、強い風が私たちに吹きつけていたなぁと、あのときとはまるで別人みたいに明るく、美しい彼女に手を振りながら思った。

もう、あんな夜のことは忘れておしまい。過去だ、過去。悪い夢よ。悪い夢の後は、いいものだけが残るから。たぶん、きっと。


5月29日(金)　千代田「暖簾に腕押し」戦略。おぬしは存在していない。


所持金が200円ぐらいになった大の大人あきおさんに、千代田区はしばらくこれで食いつなぐようにとお粥とサンマの缶詰をレジ袋に入れて渡した。

胃弱でもない大の大人が、種類も限られたお粥と缶詰で日々を過ごさねばならぬのは「健康で文化的」どころか、「餓死しないだけありがたいと思え」と言われてるようで気持ちが沈むが、沈んでばかりもいられない。ガックリしている間にも、その食料は数を減らしていくからだ。

相談者あきおさんに来週の約束を取り付けるよう、昨日打診した。

食料の補充と、生活保護の決定を急いでもらうためである。

携帯通話はすでにできない状態だから、少ない所持金で公衆電話から千代田区役所に電話をかけたとおぼしきあきおさんに、夜になってから結果を聞いた。

「担当が席をはずしてるから後で電話するって言ったきり、折り返しはなかったっす」

なるほど。

そこで私が代理で区役所に電話をかけてみました。

「○○でーーっす」

なんともリラックスした間延び声で担当者が電話口に出ました。

つくろい東京ファンドの小林です、と言うと、

「つくろい、とうきょう……なんだっけ？　だれだっけ？　えーと、それ、なんだっけ？」

思い出そうとしているようなので黙っていたら、「誰の件？」とヒントを求めてきたので、「あきおさんの件です。一昨日お邪魔しました。その切はどうも」と教えてさしあげました。

「あああ!!　はいはいはい！」大きな声。

ようやく思い出したようです。

「昨日、あきおさんがそちらにお電話を差し上げたのですが、席をはずしてらっしゃったとかで折り返しもなかったそうで」と切り出すと、

「ああ、それは私に伝わらなかったな。メモもなかったし」

「そう思ったので、いま私があきおさんの代理でお電話しています。いただいた食料も尽きますので、来週水曜日にお会いできますか?」

電話口の担当者は、「うーん、水曜日、うーん、どうかなー」と、自分のスケジュールすら分からないのか、はっきりしない言葉の無駄遣いを始めたので、断られたり休みだったりしたら困るなと思い、

「まぁ、××さんがいらっしゃらなければ係長に対応していただきますので、別にご無理する必要はないですけどね」と優しく助け船を出してあげると、

「いやー、私が担当になっちゃったんでぇ、他の人じゃダメなんでぇ、私がお受けしますよ」と、ようやく受諾。

「なっちゃったんで」ってなんだよ……と心のうちで舌打ちしながら時間を決める。


相談者と絶対に向き合わない。

相手は存在しないものとしてみなす、と、こちらが感じる千代田区の「暖簾に腕押し」戦略は、他の区とはまた別次元でカルチャーショックでもありますが、これは絶対に是正してもらわないといけない。でないと、その金持ちの区に福祉事務所が、「形だけ」存在することになってしまう。

それこそ、職員は与えられた仕事をしないで、税金で生活してることになります。

相談者が40年も連絡を断っている不仲な異母兄弟たちに扶養照会をするという。「国民の税金を使っているから」という。その調査に一カ月かかるという。

これまで長い間、そんな対応をする千代田区を「あそこの区に行っても無駄だから」と、大勢の生活困窮者や支援団体が敬遠してきた。相談者に嫌な思いをさせたくないですからね。

でも、それこそが思う壺。

これでは、まともな対応をする区ばかりが過労になって潰れてしまう。どこの区の窓口に助けを求めても、誰に当たっても、しっかりとした対応をしてもらわなくては困るのです。

5月29日その2　絶望の中にも希望はあって……

貧困がものすごい勢いで拡大する中、福祉事務所や公的機関とのやり取りもストレスフルなことの方が多い毎日で白髪を増やし、髪振り乱して走り回りながら、それでも私はかすかな希望を見ている。

コロナが開けたパンドラの箱。

コロナがこれまで誤魔化され、隠されてきた貧困を可視化させ、無関係と思っていた人々の身にも迫ることによって無視できなくさせた。

伝えたい一心でまめに書き続けるこの活動日記は多くの人に読まれ、共感していただいている。

これまで「どこかの誰かの話」だったものが、自分のことのように怒ってくださったり、心配してくださる人の輪が増えている。ブラックボックス化している現場の状況を知ってくださる、シェアしてくださる。困窮した人のためにご寄付をくださる。家電などをお寄せくださる。自分にできないことはないかと声をかけてくださる。

皆さんは「なにもできなくて申し訳ない」とおっしゃるが、それは違う。知らない他人に心を寄せてくださっている。心を痛める、何かしたいと思って情報を拡散してくださる。

その行為が広がり続ければ、社会は本当に変わるのです。

今後いきつくであろうバッシングの時代に、対抗する大きな力となり、行政も不正はできなくなるのです。役所も変わらざるを得なくなるのです。


だから、私は絶望の中に希望を見出しています。

皆さん、ありがとうございます。

これからです。

5月31日(日)「支援」は時代やニーズとともに変化する。型破りすぎる支援者たちについて

コロナ禍のネットカフェ生活者緊急支援。
「一般社団法人 つくろい東京ファンド」のメンバーとして動き回っているのは、
事務局の佐々木大志郎さん、
代表の稲葉剛、
カフェ女将であるはずの不肖あたくしと、
対話大好きな福祉職の宍戸正博さんの4名くらい。
そして、「反貧困ネットワーク」事務局長の瀬戸大作さん、
足立区議の小椋修平さん、

世田谷区の元ケースワーカー田川英信さん、
都内の社会福祉協議会に勤める根本真紀さん、
某福祉職の最強覆面スタッフAさん。皆それぞれの組織で働きながら、フリーランス助っ人のように空き時間に動いている。

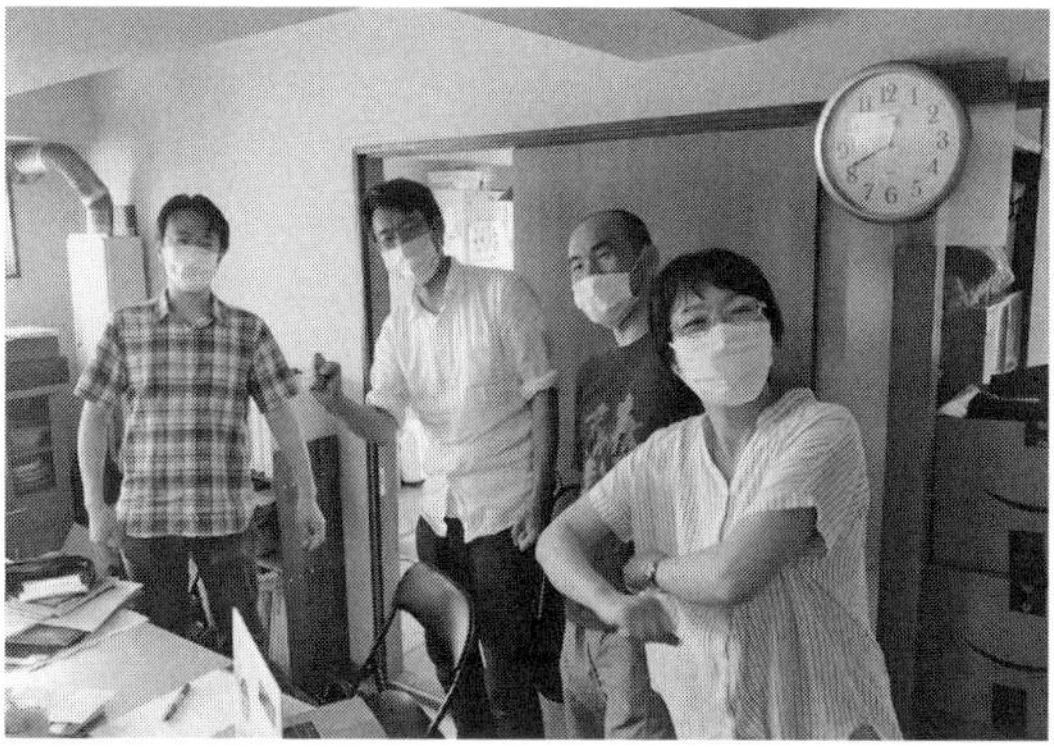

左から稲葉剛，宍戸正博，佐々木大志郎，小林美穂子．
つくろい東京ファンド事務所にて

他にも、あちこちで様々な動きをしている人がいるが、密接に情報を共有しながら動いているのは、この9人である。

背景も、働く組織も異なるこの9人に共通しているのは、当事者最優先であること。それぞれ持っている知識も武器もバラバラながら、相談者のために手を抜くということをしないという点。（私が一番知識も持たない上に手も抜いている）

瀬戸さんは千葉だろうが福島だろうが駆けつけるし、正直「放っておいてもいいんじゃないの」と思うようなケースにも一切手を抜かない。会えるか会えないかも分からないのに飛んでいく、その情の深さ、フットワークの軽さはスーパーマンさながらで、とても真似できない。

最近ではチワワと18年寄り添ってきた女性のSOSを受け、制度的に「犬はとりあえずどこかに預けて……」と妥協をさせるところを、「これまでずっと支え合って生きてきたのだからそんなこと言えないよ」と、ほうぼうに声を掛けて、遂にはペット可物件を探し出してしまう。

小椋さんは、とても長い間ずっと夜回りに参加してくださる区議会議員で、「生活保護手帳」を愛読書に挙げるほど生活保護制度にもお詳しい。

足立区でビジネスホテルに入った人の半数が、小椋さんがお連れした人というくらいに足立区は全部おまかせ状態になっているが、いつお声を掛けてもすぐに飛んで行ってくださる。

生活保護制度にお詳しいといったら忘れてはならぬ元ケースワーカーの田川さん。歩く生活保護手帳。私は福祉事務所の面談室から、または深夜の自宅から、制度について何度も問い合わせて助けていただいた。福祉事務所のウソ発見器。

最強女性スタッフAさんは、区役所から「どうせ探せないだろうけどやってみれば~?」とアパ転許可を出されると、短期間で相談者が満足するアパートを探しだしたし、朝8時から深夜すぎまで仕事できちゃうマイティーな根本さんは、その女性にしばらく自分の携帯電話を貸すという、ちょっと信じられないことをしている(アパート契約には携帯電話は必須)。

福祉職の宍戸さんは、水際をした公的機関に、長くて慇懃極まりない抗議文を送りつけた。切々と訴えるその手紙を読んだ担当者は、後日相談者に謝罪。支援者の執念が相談者の尊厳を回復させた一幕だった。

――

ところで。

私が関わる相談者サキさんは、Wi-Fi空間が必要だったために、都外であるにもかかわらずビジネスホテルでの保護を許可してもらったが、アパートも決まり、明日の引っ越しを待つばかり。しかし、身分証明書がまだ作れていないため、携帯やWi-Fiの契約ができない。アパートはフリーWi-Fiではない。

2人で赴いた携帯ショップで、打つ手が無くなって事務局の佐々木大志郎に電話をすると、悩みながらも「じゃあ、自分のルーターを貸す」と言ったのは、28日にも書いた。びっくりして「通信代は誰がもつの？」と聞くと、「しょうがないですよ。もう電話取って話を聞いてしまったのだから。あー、小林さんからの電話取らなきゃ良かった」と、苦し紛れの笑いが聞こえた。

後日、「そこまでやる必要あるのかな？」と私が聞くと、「それを言ったら、屋根があるだけマシだろうって無低に送るのと一緒ですよ」と言われてハッとする。

稲葉も「いまや住まいに次いで、Wi-Fiは人権に近い」という。そういう内容を私自身つくろい東京ファンドのウェブに書いたくせに、どこかで「贅沢」と思っていることに気づく。

かつて勤めていた支援団体では、その当時は「他の人にできない支援はしない」が基本だった。いまは変わっているかもしれないが、私が入った10年前くらいは「アパートくらい自分で探せないと独り暮らしもできない」と、まるで役所の人みたいなことを言っていたものだった。

しかし、だんだんと分かってきたのだ。当たり前だが、相談者もいろいろであることが。そういう現場での「公平」は、持たざるものにとってはとても残酷で不公平であることが。

制度に乗れず、何度も何度も福祉事務所と無低を行ったり来たりしている人たちを、「自力で頑張れ。情報はやる」では、そのループから一歩も抜け出せないことを。

一人ひとりの問題に個別に対応していくことが必要である。そして、そこにはWi-Fiや、携帯電話、ペットなどの新しいアイテムもすでに入ってきている。

こちらが頑張ることで、彼らを我慢させ、妥協させ、辛い思いをさせなくて済むのなら、できる限りをやろうではないか。「できる限り」の限界をどんどん広げていこうではないか、そんな意気込みを私は他の皆さんから学んでいる。

バラバラに動いているこの「支援者」と呼ばれるふつうの人たちは、ご自分たちが超多忙なのにもかかわらず、私の乏しい人脈や専門知識をいつでもカバーしてくださる。

「一緒だよ、頑張ろうね」と励ましてくれる。お互い会うこともなく、バラバラで動いているのに、同じ思いと同じ濃い時間を共有していると思える最強のネットワークに常に助けられている。

5月31日その2　ビジネスホテル滞在期間延長を当事者に伝えないって何？

コロナ感染拡大防止にともない、ネットカフェに休業要請が出されてから、東京都が用意したビジネスホテルに滞在しているネットカフェ生活者たちの滞在期間は、これまでに何度か延長されてきた。

現在は5月31日だった期限が、6月9日に延びた(その後7月8日まで延長された)。

それなのに、延長のたびにその延長が当事者に知らされていなくて、「明日出なくてはならない。

どうすればいいか」というSOSが前回も今回も届くんだけど、マジで一部の福祉事務所なり生活困窮者支援窓口なり、ちょっといい加減にしてくれないかな。

わざとやってないか？

「異例の業務なので伝えるのを忘れた」と過失を認めるならまだいいけど、「当事者が自主退室した」とか、いくらでも言えるものね。っていうか、忘れちゃダメだし。

今回、分かってるだけで何名かからSOSがきている。他にも同様のケースが多数ありそうだ。そして、支援団体に連絡を寄こせない人は、あてもなく出ていくしかないのだ。そういうの、やめてほしい。

厚労省からは、最大7月までビジネスホテルを利用してもらい、その間にアパート転宅まで支援するようにと通達が出ているはずだ。それなのに。

わざとじゃないと思いたい。でも、思えないんですよね。セーフティネットがザルすぎて。どうしたら、ビジネスホテルに入っている皆さん全員にリーチできるだろう。福祉事務所に任せておくと、みんなリリースされてしまいそうで怖すぎる。

6月2日(火)　更生施設か婦人保護施設の二択ってナニ

生活保護を申請した鈴子さんが滞在するビジネスホテルに、話を聞きに行く。

申請は受理されたが、更生施設と婦人保護施設のオプションしか提示されていなかった。

「対人関係や人間関係に苦労してきたから集団生活は無理である」と鈴子さんが訴えるも、どんどん手続きが進められてしまったので、改めて近日中にいっしょにケースワーカーと話をしようということになり、彼女から予約の電話をしてもらう。

「○曜日の10時？　いいですよー」とケースワーカーは答え、なんならそのときに婦人保護施設の面談も受けようということを立て板に水のごとく言われてるようで、鈴子さんが、「え……いえ、あの……」と困ってるから電話を代わる。

「彼女は以前にもそちらさまにお話ししたと思いますが、婦人保護施設や更生施設などの集団生活はイヤだと言ってます。改めて、今後の話をしたいのでお伺いしてもいいですか？」

わざとらしいくらいに高い営業声で提案したら、さっきまで10時でいいと言ってたはずのケースワーカーが、確認してからかけ直すという。

自分のスケジュール確認するのにどんだけ時間掛かるん？　と不思議になるほど待たされて、電話がかかってきてOKが出る。

しかし……。

携帯も持たない鈴子さんがどうして我々に繋がったのかを根掘り葉掘り聞いてくる。兄さん、それ聞いてどうするん？　なにか困ることでもあるのかい？　って思っちゃうよ。

鈴子さんははっきりと、アパートで一人暮らしをしながら仕事を探したいとおっしゃった。

はい、ご希望は確かにうけたまわりました。

かーーしこまりぃぃぃぃっ！！！！！

6月2日その2　生活保護は税金なのでという呪い

福祉事務所の職員は、何かというと「生活保護は税金を使ってるので」と言う。特に扶養照会の説明をするときや、相談者が望まない何かを押し付けるときに。

相談者に負い目を追わせる言葉だとずっと思ってきた。だから、最近では空気がピリッとするのを覚悟で、間髪入れずにこうかぶせる。

「職員のみなさんもそうですね。税金で暮らしてらっしゃる♥」

恩恵を受ける立場、与える立場みたいな構図を一瞬にしてイコールにする術。だからあなたたちもしっかりこの人の生活再建に取り組んでくださいね、仕事してくださいねと心の中で付け加える。

同日追記　生活保護課は不人気な部署です。志があって配属されてる人の方が少ないのかもしれません。しかし、「私、計算とかお金とか苦手なので」と会計課に配属になった人が職務を遂行しないのが通用しないように、配属されたからにはしっかり仕事してくれないと。もっとも「仕事」の定義が変わってしまってるのかもしれませんが……。

そもそも、生活保護の申請にともなう、「扶養照会や資産の調査、車の利用制限」などの説明として、「税金を使わせてもらってるので」というのは、文脈的にもおかしいと思うのです。だって飛躍してるじゃないですか。

「国民の税金を使っている」という言葉は、相手を黙らせ恐縮させるのに非常に効果的な言葉です。制度上の制約だから我慢してねと言いたいのでしょうけど、冷たく、高圧的です。職員は説明が面倒なときや、根拠があいまいで説明に困るときに使ってはいないでしょうか。扶養照会に限らず、車の使用制限など、すでに時代に合わない決まりがずっと残り続けていて、相談者を苦しめたり、福祉事務所から遠ざけています。しかも扶養照会の事務作業は、職員の大きな負担にすらなっている。職員自身も旧態依然とした制度の中身を改善、刷新していけるよう、現場から国に提言していくようになってくれたらいいんですけどね。

6月3日(水)【号外】　ものすごい援軍を得て、千代田区に全面勝利!!　報告を待て。

(写真)ビフォアー、作戦会議中「がんばるぞ!」

そして、アフターの晴れ晴れした顔。写ってないけど相談者さんが何より嬉しそうで、良かった。

6月3日【号外】のその後　最強の援軍とともに千代田区福祉へ。風穴を開けるの巻

先週、相談者あきおさんと千代田区福祉事務所に生活保護の同行をしたところ、それはそれはひどい扱いを受けた。それについては、5月27日と29日を読んで欲しい。

私が同行しても、みくびられ、相手にされないので事態が好転することはなく、あきおさんの〝現金底つき状態〟は変わらないだろう。

ビフォアー

アフター

そして、前回職員に、お金が出る保護決定まで「うちでは2週間で出ることは滅多になく、1カ月みておいてください」と言われた期間を、あきおさんは7月に賞味期限が切れる非常食のお粥、サンマかば焼き缶ときんぴら缶で胸焼けと栄養失調に悩まされながら過ごさなくてはならない。しかも、この対応は、きっと申請者みんなに対して行われている。こんな福祉事務所の運用を放置していては絶対にいけない。

そこで、テレビ制作者と雨宮処凛《かりん》さん、そして山本太郎さんに現状と事情をお話しして、応援を頼んでいた。そしたらなんと、連日SOS対応に駆けまわってくださっている雨宮さんも、間違いなくお忙しい太郎さんも、来て下さるとおっしゃる。

百万の味方をつけたような気持ちになった。それでも……。

先週の千代田区の対応を反芻してしまうと、昨夜は3時まで眠れず、今朝も朝ごはんはノドを通らず、昼も作戦会議の場で紅茶とバナナケーキを、空腹を感じない腹に何とかおさめた。

千代田区役所に行って、まずはあきおさんと合流、3階の福祉事務所へ。

私たちが入って行くと、職員の視線が一斉にこちらを向いた。波動のように静かに動揺が伝わっていくのが感じられた。隣の職員と顔を見合わせ、耳打ちしたりしている。

打ち合わせのときに、太郎さんが「係長ともアポ取った方が？」と提案してくださったが、「大丈夫です。太郎さんと処凛さんを見れば、自動的に出てきます」

案の定、私たちは少しの間待たされ、そのあと課長、係長と、不機嫌そうにした担当ケースワーカーが並んで前に座った。ぷいっと横を向いている。子どもかよ。

係長と課長が出てきたとき、彼らは山本太郎さんの名刺はうやうやしく受け取りながら、私の名刺はテーブルに放置した。受け取ってくださいと言っても放置され、たまりかねて、「誰か受け取ってくださいよ」としつこく言い続けたらようやく「ああ、失礼」なんて、いま気づいたみたいに拾い上げた。

ムカつくけど、「そうそう、これが先週までの千代田クオリティ。皆さんの前で見せてくれてありがとう」と思う。

しょっぱな、山本太郎さんがよくとおる声でおっしゃった。

「この間の報告を受けています。コロナ禍で生活も住まいも食べるものも困ってる人が続出しているというのに、もしもあんまりひどい対応をされているようでしたら、（ここからの声がとりわけ良く通る）国会でも・ん・だ・いにさせていただきますから！」

強烈すぎる先制パンチよ。

福祉事務所の職員たちと一緒に私も吹っ飛ぶところでした。

先週とは手のひらを返したように誠意を見せているように見える課長&係長ではありましたが、ところどころでやはり意味不明な言動も多く、たとえば。

「貸付を出さなかったのは、小林さんが「仮払い」と言ったから。貸付と言われていれば分かったのに」

まず、言ってねぇし、と思った。音源あるから確かめてもいいし。どのみち、文脈で分かんねーか、ふつう。

で、「他区がやっている貸付は、あれは生保のお金ではなくって社協(社会福祉協議会)の緊急小口から借り入れて……」と係長だか課長だかどっちだったかが言うので、

「先週、私もそれと同じ説明をそちらの相談係にしていますけど」と言うと、

「あ、そうですか。でも「仮払い」って聞いたものですから出なかったのです」

ここで不肖あたくし思いました。

あ、これはもしや安倍ちゃんが良く使うあの有名な…

「ご飯論法ですか? あ、これ、ご飯論法? (ご飯食べましたか? と聞かれたらパンは食べたけど、ご飯は食べてないと答える、すり替え論法)」。思わず嬉しそうに言ってしまいました。

鯛は頭から腐るとはよくいったものです。

大親分の悪いところを下っ端がこうやって真似をする。

ともかく、なんとこれまで「千代田では一切の貸付をしない。なぜなら生活保護を受ける人はみんな3食つきの施設(無料低額宿泊所など)に入ってもらうのが原則だからだ」と豪語してはばからなかった千代田区が、交通費の枠から貸付を出すことを検討するという。

太郎さんがすかさず、「いま、私たちがいる間に検討してください」

処凛さんが、かつて札幌市白石区で、福祉事務所から乾パンの支給だけを受けた姉妹が孤立死した事件を語る。成人男性に一円の現金も支給せずに、非常食のお粥とサンマかば焼き缶を渡すのも同じことになると。

保護決定には時間がかかると言われていたが、これも来週月曜日には決定する見通しになった。申請して12日。やればできるんじゃないですか。

そんなこんなで明日から、あきおさんと部屋探しに入ります。

ただ、彼にはたくさんの応援団がついて首尾よくアパート転宅が実現するとしても、支援者のいない単独申請者たちが気になります。

休業要請が出たあとのネットカフェ生活者に、ビジネスホテルを提供した千代田区の実績は20件。全員が困窮者支援窓口からです。みんな住まいもなく、あきおさんの場合は所持金がそのとき(4/22)で800円でした。そういう人は他にもいたはずです。それなのに、なぜ、生活保護の説明がなされなかったか。

5月29日までに、千代田区でビジネスホテル利用の10人が自主退室されたそう。その内訳は以下。

●自立支援センターへ　1名
●西成の支援者に助けてもらうから西成に行く　1名
●TOKYOチャレンジネットへ　3名
●仕事があり一泊だけで良かった人　1名
●生活保護へ移行、3名（あきおさん含む）
●これ以上迷惑をかけられないとネカフェに戻った　1名
最後の自主退室者の理由を聞いたとき、私は顔が歪んでしまいました。どうして見送ってしまうのか。どうして。

いま、6月9日のチェックアウトを前に、あちこちの自治体でビジネスホテル滞在者を無料低額宿泊所や更生施設、婦人保護施設に送ろうとする動きが活発化しています。なぜなら、6月9日以降もビジネスホテルの利用は延長できるものの、その払いは東京都↓各自治体となるからです。

私たちがやっていることは、ボランティアの仕事の域をはるかに超えています。これは行政がやらなくてはならないことなのに。どうか、みんなを追い払う術ばかり考えずに、アパートまで支援して欲しい。

先週、非常食をカウンターに置くと、挨拶もなしに目の前からいなくなった職員たちでしたが、今日は課長がいつまでも立ったままで見送っておりました。（私、チベットスナギツネの顔になります。）

しかし、本日千代田区がやった現金貸付も、迅速な保護決定も、単独で申請にきた人にもやってもらうべく、このあと拡散用の投稿をします。

チベットスナギツネ
（画・和田静香）

福祉事務所を出て、外のベンチでみんなで記念撮影をしていると、あきおさんが言いました。

「オレはみんながこうやって応援してくれたから何とかなったけど、他の人は相変わらずひどい対応を受けて追い払われると思うんだよね。それはいけないと思うからさぁ、オレ頑張ったんだよ。取材にも答えるんだよ」

一番困っている人が、同じ境遇のほかの人たちを心配している。

福祉事務所の職員に聞かせてやりたい言葉でした。聞いてもせせら笑うんだろうけど。

6月3日　シェア歓迎！　千代田区福祉事務所で支援を受けている／これから受ける方々へ

ネットカフェ休業にともない、千代田区の窓口からビジネスホテルに滞在している方々へお知らせです。

これまで生活保護を申請しても決定までの間、現金貸付（写真）が行われてこなかったようですが、今後はお粥や缶詰などの非常食ではなく、必要であれば貸付もしてくださると担当課長がおっしゃいました。

そして、これは一般的なことですが、生活保護を受けるためには「原則無料低額宿泊所や施設に入らなければいけない」と言われる場合がありますが、必ずしもそうではありません。いま、ビジネスホテルに滞在している方は、ビジネスホテルからアパートに転宅できます。千代田区も、他の区も同様です。

千代田区は生活保護の申請から決定までに要する期間を、これまでは「2週間〜1カ月はかかる」と言われていたかもしれませんが、今後はもっと短くできます。迅速な決定を厚労省から通達されているからです。もし、単独で窓口に行き、この通りにならない場合は、どうか私たちまでご連絡ください。

所持金も住む家もなく、生活保護の要件を満たすのにもかかわらず、生活保護の説明が無かった場合も、どうぞご報告ください。

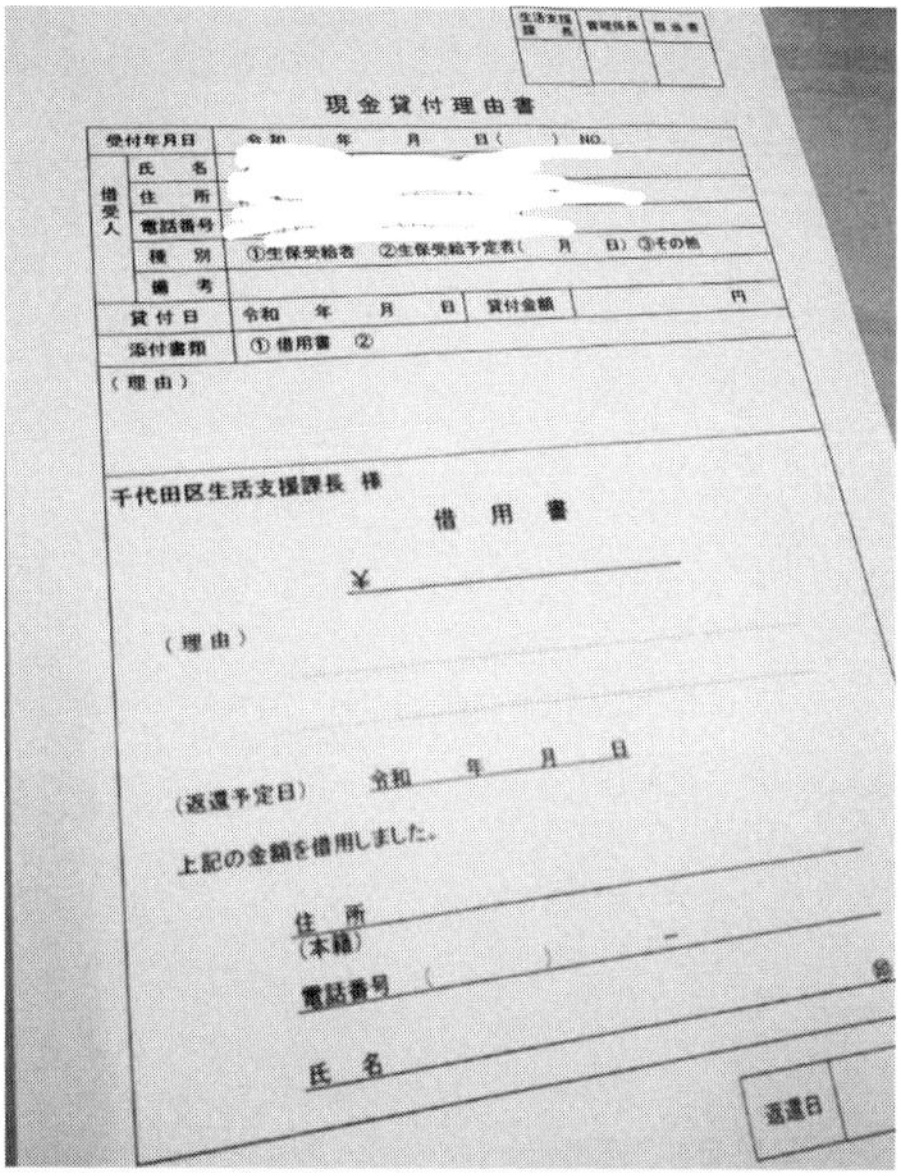

現金貸付理由書

受付年月日		令和　年　月　日（　）NO.
借受人	氏名	
	住所	
	電話番号	
	種別	①生保受給者　②生保受給予定者（　月　日）③その他
	備考	
貸付日		令和　年　月　日　貸付金額　円
添付書類		①借用書　②

（理由）

千代田区生活支援課長 様

借用書

¥

（理由）

（返還予定日）　令和　年　月　日

上記の金額を借用しました。

住所（本籍）

電話番号（　）

氏名

返還日

現金貸付理由書

6月4日(木) 新宿区が87人を追い出した

千代田区の一件の成功で喜んでる暇などないのです。

「追い出される。どうしたら……」というメールは私たちにも来ていました。

5月29日金曜日、新宿区は土日を前にしたこの日、ビジネスホテルに入っていた人たちに、「6月1日月曜日の朝、チェックアウトしてください」と通達し、98人を退出させたのです。本当はその時点であと一週間宿泊できるにもかかわらず。98人のうち11人は相談窓口を訪れ、何とかつながりはしましたが、残りの87人がどこへ行ったかもわからないと言います。彼らはあてもなくホテルを追い出されました。

せっかく、せっかくネットカフェから支援につながった人たちをなんということをしてくれたんだ。ふざけるな!!!! ふざけるなーーーっ!!!

足から力が抜けるような無力感に苛まれる。

これが日本の福祉か。

6月4日その2 雪虫が舞うと、冬がやってくる

住民票も身分証も失った鈴子さんに同行して福祉事務所へ。

礼儀正しく、非常にしっかりした頭の良い方というのが、初めてお会いしたときからの印象。節約が身に付きすぎていて、食料も納豆はここ、パックご飯はあっちと、より安い店で一つ一つの商品を選んでおり、食費はざっと計算しても一食平均200円以下。生活保護の貸付が全然減らない。

集団生活は経験上どうしても無理であるとケースワーカーに伝えているにもかかわらず、更生施設と婦人保護施設の二択を迫り、本人が抵抗しているのにあれよあれよと言う間に婦人保護施設の面接

を取り付けられそうになったところに介入し、今回の同行となった。

住民票や身分証明書、携帯などを持っていないことから、まずはそれらの回復や再設定をする必要がある。

その間、住所をおける場所がないと、給付金ももらえない。

なので、つくろい東京ファンドで借りているアパートのお部屋を3カ月間無償でお貸しする間にいろいろ再設定をお手伝いしたいと申し出た。なによりも、本人の意思を尊重して欲しいと。既存のレールに乗せるのではなく、彼女が必要だと思ったサポートを足していく方法ではいけないのかと。

「アパートに入りたいなら福祉事務所にも地域定着支援があるし、彼女はまだ若いのでお仕事もしてもらわなくてはいけない。そこは就労支援専門員がサポートする」とケースワーカーは言う。

ビジネスホテルの利用が可能なのは、最長で7月7日までである。

あと1カ月しかないですけど、それまでにアパートに入れるんですか？　ビジネスホテルには住所を置けないから住民票の手続きもできませんよね。じゃ、アパート探しは7月7日以降ですか？

そうなると、7月7日以降は更生施設か婦人保護施設って、またなりますよね。そこまでの情報を相談者に伝えずに、「このレールに乗ってもアパートに入れます」はないですよ。

本人が拒否している「施設」という乗り物に乗ってレールを走るわけなのだから、それを言わないのはフェアじゃないですよ、と。あと、仕事仕事いうけれど、住民票も身分証もない状態でどんな仕事をしてもらいたいんですかね？

ちなみにその「地域定着支援」って、どこが下請けしてるんですか？　とお聞きすると、「みんなこの建物にいるスタッフです」と変な物言い。

「そんなことではなくて、どこの会社が下請けしてるんですかね。やまてですか？」

真っ直ぐに目を見て聞くと、「就労支援専門員は区の職員です」とまたもや逃げたあとで、「地域定着の方は……そうですね」と認めた。

また、やまてだよ。ここでもあそこでも、どこでも福祉事務所には「やまて」。一蓮托生の仲良しさん♥　別にどこが下請けしててもいいですけど、彼女のご希望を尊重してください。

ケースワーカーは悪い人ではないのだろう。ただただ、マニュアル通りなだけなのだ。

そのマニュアルや既存のオプション少なめのレールから、どれだけ飛び降りて逃げ出す人がいても、そのレールを増やすことも、変えることもしない。


――――


昨日訪れた千代田区の福祉課長は、山本太郎さんや雨宮処凛さんに圧倒され、現金給付もしたし、保護決定も早めたし、アパート転宅もなんとなく認めたし、私たちがエスカレーターに乗るまで立ったまま見送りをした。

しかし、今日訪れた別の支援団体には、「施設か無低しかない。それ以外なら何もできません」と言ったらしい。

ま、そんなものだろうよ。平常運転だ。それがこれまで聞いていた千代田区の姿だ。

新宿区役所はビジネスホテル利用がとりあえず6月9日まで延長決定しているのに、それを伝えずに生活保護以外の窓口からビジネスに滞在していた家のない人々を事実上、追い出した。

コロナ後の「福祉崩壊」が起きていると、以前私は口にしたことがあったかもしれない。しかし、福祉は崩壊したのではなく、そもそも形すら無かったのかもしれないと、いまでは思っている。これが日本の福祉の現実だ。


——


節約上手の鈴子さんを、つくろい東京ファンドが借りあげているアパートのお部屋見学に連れて行った。写真だけでは不安かもしれないから。

彼女は「ひろーい」と言って部屋の中を歩き回り、畳ではなく、一畳ほどの床の間に立ち、板の間を指さして「ここで寝られます。しっくりくる」と笑った。

「いやいや、畳で寝ていいですよ。何もそんなところで寝なくても」

ネットカフェのスペースに慣れすぎているのだ。笑いながら胸がキュッと痛む。

「ここのアパートに3カ月間いられるとして、その間、外出とかしてもいいんですか？　門限はありますか？」

心配そうに私の顔を覗き込む。

「あなたは完全に自由です。3カ月間、ここはあなただけの部屋です。誰もあなたを管理しません」

彼女が微笑む。当たり前のことなのに。

すぐ近くの公園の、大木の下のベンチに座り、いろんな話をする。

お互いに今年の桜を思い出せないこと。お互いの家族のこと。子どもの頃の話。生きるのに必死すぎて、病むこともできないでいたこと。(だって、動けなくなったら即食べられなくなるでしょう?)そして郷里のこと。

彼女が育った北国では、雪虫が舞うと冬が来るらしい。

その話を私はきっと長い間、忘れないだろうと思う。

私たちの上で木々がサワサワと揺れていた音や、ずっとまわりをヨチヨチ歩きながら虫をついばんでいたカラスのことと一緒に。

6月7日(日) セーフティネットと言いながら、その網を自分で切る愚行

望む人すべてに安全な部屋が無くてはいけないと私は考える。

それは人権の観点からも、公衆衛生の観点からも基本なのに、「好きで路上なんでしょ。好きでネットカフェなんでしょ」と自己責任論をまき散らして、行政は東京だけで4000人のネットカフェ生活者を見て見ぬふりをし、全国で約3万人にもなると言われている無料低額宿泊所利用者(ほとんどが生活保護)をいつまでもアパート転宅させず、自由を制限される施設に滞留させ、放置してきた。

それらの人々全員が自分の部屋を持たないでいる。

ネットカフェ生活者の平均月収は11万4000円で、部屋を持つための資金をなかなか貯められない。ネットカフェの料金やロッカーの出費で生活するだけだってカツカツだ。

だから、生活保護を申請する要件は完全に満たしている。本人が扶養照会などを嫌がって利用を拒否したとしても、それでも何らかの支援につなげる必要がある人たちだ。

今回のコロナ騒動で、これまで貧困とは無縁だった人たちが生活保護の申請をしている。海外の大学で学んでいた人や、その業界の第一線で活躍していた人たちも相談に訪れている。

しかし、最も浮き彫りになったのは何年も住まいを持たずに日雇い仕事やバイトでなんとか綱渡りをして来た人たちの存在だ。その不安定な仕事すら無くなって、ようやく行政に助けを求めたネットカフェ生活者は、その数およそ１０００人。

それなのに、自治体によってその対応は分かれる。

ビジネスホテルを利用をした人がすべて生活保護を申請している区もあれば、全員が生活保護とは違う窓口からビジネスホテルに入っている区もある。

新宿区は困窮者自立支援窓口からビジネスホテルに入室していた98人を、ホテルが延長可能なことをあえて伝えずにそのまま退室させた。

「なかなか会えないから、チェックアウトだと伝えれば窓口に来てくれるかも思った」と、すごい詭弁。

熱心な新聞記者から私たちに繋がった相談者さんは、チェックアウト前に2度、新宿福祉事務所に電話している。一度は窓口を訪ねてもいる。

彼が「生活保護に抵抗がある」というと、「ならしょうがないですね」と相談はそこで終わったという。窓口に行っても追い返されてるやないけ。

明日、そんな2人を連れて新宿福祉事務所を訪ねる。

ビジネスホテルの延長が東京都から知らされているにもかかわらず、新宿福祉は明日を生きるための仕事のあてもなく、住まいを持たないと分かりきってる人たちがつかんだセーフティネットを自ら切った。

これが日本の福祉だというのなら、私たちは自分が今後困ったときに、助けてもらえない可能性があると知る必要がある。積極的に追い返されたり、つかんだ網を切るようなことをされるのだと。そんなところに福祉事務所とか名乗られるのは困るので、絶対に責任を問わないといけないと思う。

6月8日(月) 5分で蕎麦を飲んで、走れ、新宿区役所へ!

朝は武蔵野市の借り上げアパートに相談者さんをお連れし、富士そばを飲み込むようにして食べて(歯痛が悪化していて咀嚼ができないのだ☹)、新宿区福祉事務所へ。

今日はトリオです。頼もしい支援者である谷川智行さんと田川英信さんと。学ぶこと多し。

相談者さんが、「電話の声がとてもハキハキしていて若々しかった」と私のことを言うので、「会ってみたらオバちゃんだったでしょ」というと、間髪入れずに「ハイ!」と言われたのが本日の一番の笑えたポイント。

10年前から顔見知りのケースワーカーにお相手してもらい、ようやくホッと一息。

そのケースワーカーが流れるように、「生活保護に抵抗があるなら別の支援プログラムもあり

……」と、ある施設の名前を挙げて曰く、

「今朝もそこの人がウチ(福祉事務所)に来てましたし、責任持ってやってくれるとこです」

「そこ、この前、受託費の水増し請求で問題になってましたよね」と流れるようにアタクシ。

「そこはコメントを控えさせてもらいます」

これも本日のハイライト。

楽しい時間はこれでおしまい(ほんとは楽しくないんだけど)。

「このあと、本庁に申し入れに行きます。ビジネスホテルの延長を敢えて伝えずに、87人の住まいのない人たちを追い出した件に関してです」

申し入れの件を既に知ってるケースワーカーは、机に両手をついて「どうぞお手柔らかにお願いします」と頭を下げたが、あなたの一存でできることではない。あなたの責任ではない。組織全体の問題でしょ。追究しますよ。

頭下げるくらいなら、追い出すとかしないでよ!

6月8日その2　新宿区役所に申し入れ

雨宮処凛さんの写真を拝借(次頁)。

2件の同行の後、新宿区役所に申し入れに行ってきました。メディア各社、フリーランスライター、ジャーナリスト、区議会議員たちが来てくださいました。

新宿区福祉事務所がビジネスホテルの延長ができるのにそれを伝えず、家も所持金もないと分かってる人たちを追い出したことは、福祉事務所としてあってはならない行為です。ええ、とても怒ってますよ。大問題です。

左から田川さん，イナバ，雨宮さん，コバヤシ，谷川さん，宍戸さん＠新宿区役所

6月9日(火)　公人のつく嘘

役所側のごまかしと嘘、破綻した論理に終始した事情説明と質疑応答だった。

新宿区がビジネスホテルの利用延長ができるにもかかわらず、利用者に伝えずに事実上追い出した問題。住まいがないことも所持金がないことも分かってる87人を、福祉事務所がリリースした。釣りなら紳士的な行為だが、人間の命だとどうか。助けを求めて伸ばされた手を、一度摑んで離した。

私の周りにいる路上生活体験者のおじさんたちは、たまに嘘をつく。

依存症キャリア40年選手が、「もう、パチンコなんて見るのもウンザリです。近くに行くと寒気がします」

「すごい嘘」と言うと、「まいったなぁー」と頭をボリボリ掻きながら嬉しそうに笑う。

人を安心させようとする嘘。ちょっと褒められたくてつく嘘。誰のことも傷つけない。公人の嘘は、私人の嘘とはわけが違う。そのサービスを受ける全員が不利益を被る。公人は市民の税金で賄われているにもかかわらずだ。

政治家の嘘に慣れすぎてしまってる私たちは、その嘘が自分たちの生活に間接的に、またはダイレクトに影響するということに鈍感になっている。嘘が当たり前の世の中。

毎日、福祉事務所の嘘や、利用者にとって不利益な誘導と対峙している私も同じ。

昨日、申し入れを取材に来てくれた友人のライター和田靜香さんは、普段から真摯に、誠実に生きる人たちを取材してきた人。彼女は、嘘しか言わない公人の姿に衝撃を受けた。その反応は、とても正常で健全なのだと思った。


新宿区からできるはずのビジネスホテルの延長を断られ、退室したお2人に付き添って昨日、新宿区福祉事務所に同行しました。

朝から何も食べてないお2人におにぎりやパンを渡し、飲み物を買いました。

同行者がいたから元いたビジネスホテルに戻ることができましたが、他の85人はどうしているのか、気がかりです。


【速報】新宿区長名の謝罪文が出ました。ホテルを出された人に宿泊料相当分を支給するとの内容も。

(4)　原爆被爆者（同条第４号）

原子爆弾被爆者に対する援護に関する法律（平成６年法律第 117 号）第２条第３項の規定により被爆者健康手帳の交付を受けている者で、同法第１１条に規定する厚生労働大臣の認定を受けたもの及び同法第 27 条の規定による健康管理手当の支給を受けているもの。ただし、東京都シルバーパスを所持する者には発行しない。

(5)　生活保護受給世帯員（同条第５号）

生活保護法（昭和 25 年法律第 144 号）の規定による保護を受けている世帯の世帯主又はその世帯に属する者で、その世帯主が指定するもの一人。ただし、同法第 19 条第１項第２号に該当する者で、継続して保護を受けている期間が３か月未満のものを除く。

1

「東京都営交通無料乗車券発行事務の手引」より（東京都交通局令和元年９月発行）

評価できる内容ですが、支援を打ち切られた人全員にこの情報を届ける努力をすること、再発防止のためにも経緯の解明をして検証することを求めます。

6月10日(水)　千代田区都営パス券（通称）について

現在ビジネスホテルを利用しているあきおさんの生活保護決定が昨日出たのですが、パス券発行は3カ月後と言われました。居宅の人であれば、保護決定と同時に発行されるのだそうです。つまり、住所不定者のみ3カ月待たなくてはいけないということ。

根拠として見せられたのが、東京都交通局から出された「東京都都営交通無料乗車券発行事務の手引」の、1発行対象者、の(5)生活保護受給世帯員の「ただし――」からの部分です。赤線引きました。

ちなみに「第19条第1項第2号に該当する者」とは？　ググったところ、現在地保護された人を表しているようです。なぜ3カ月なのかの根拠は、「そこに書いてあるから」の一点張りでした。

3カ月と言われたのは千代田区が初めてです。（この1カ月後に中野区係長からも翌日アパートに引っ越す予定だった利用者が同じことを言われ、言い合いに発展、後日課長が謝罪）

一緒に同行した記者さんが、東京都の福祉課に問い合わせたところ、住所が定まった時点で出して良いとのことでした。

勘ぐるに、住所不定者はパス券を転売するだろうとか、それ持っていなくなるだろうとか、どこかで生保受け直してダブルで貰うんじゃないかとか、そんな心配をしているんでしょうかね。でも、それって3カ月後なら解消される心配なんでしょうか。なぜ、3カ月なんでしょうか。またもや謎を仕掛けてくる、千代田区。

6月11日(木)　私を支えるものは「正義」ではないよ、決して

4月に、つくろい東京ファンドが運営する「カフェ潮の路」を全面休業にして、ネットカフェ生活者からのSOSに応え、公的機関への同行やら交渉やら、物件探しやらリサイクルショップへの同行、相談者の真夜中の不安に応えたり、記録を残したりと、めまぐるしいボランティア・ライフを約2カ月半、送ってきました。体力の衰えも身に堪えるのですが、やはり一番力を奪われるのは福祉事務所の対応で、まるで悪い対応を競っているかのように毎日更新される水際技法、そしてウソ、詭弁に精神的にやられます。

人を批判するときは、必ず自分の「正しさ」を自問する作業とセットにしなければいけないという

のが、私の個人ルールです。正義が暴走すると、それは最も恐ろしい暴力になりますから。とはいえ、一つ指摘するごとにいちいち自分の中でその「正しさ」を検証するのも心理的に疲れます。

皆さん、私のことを「ぶれない」と言ってくださいますが、実際の私は常に小さく時に大きく揺れています。

ぶれない指針となっているものがあるとすれば、それは「人権」です。

それが地盤になっているから、私という頼りなく細い木は折れることも倒れることもなく、揺れ続けることができています。

そして、同じ思いを共有する人たちが、同じ地盤の上に木の枝を伸ばして揺れている。地盤に根が張り巡らされ、私が倒れそうになっても、他の木々や、地面にしっかりと支えられているので立っていられます。

ですが、苦手な暑さがやってきて、2カ月半の疲れもどっと出てきて(疲れると元々弱いところが直撃されますね)歯痛で食事をとるのが大変になってしまったのと、昼まで起き上がれないくらいに疲れが残るようになったので、昨日、今日はちょっと体と心を休めています。

とは言え、家で調べものや業務連絡などをしているのですが、今日も走り回っている人には申し訳ない……とか言っちゃいけないですね。ムリは禁物なので、堂々と休みます。

精神と肉体はつながっているから、どっちの疲れに引きずられているのかは分かりませんが、「もうやりきれないよ」と投げ出したい気持ちになることもあります。投げ出しませんけど。

そんなときに、一番最初にＳＯＳを送ってきた萌さんからメールがありました。「アパートの緊急連絡先になって欲しい」

同行しなかったために、水際に遭い、追い返されそうになったところを電話してきてくれて、何とか保護申請はできたものの、女性センターに送られてしまい、以後連絡がなかなか取れなくなって、手伝うこともできなくなってしまった人。

携帯電話が使えない環境で耐え抜き、その後の婦人保護施設では自由は制限されているものの親切な職員に助けられ、そしてようやく自力でアパートを探した。

私たちの判断ミスで手伝い損ねたこと、大変な思いをさせてしまったことをこれまでにもメールで何度も謝ってきたが、ようやく2カ月ぶりに顔を見て謝ることができる。

あの頃、東京都がビジネスホテルを用意しているのに、まさか福祉事務所がそれを使いたがらないなんて想像もしていなかった。この非常時に水際をするとも思っていなかった。私たちは甘かった。その中で生き抜いた彼女の強さを見習いたい。

4月のはじめ、半端な支援をしてしまったことを悔やんでも悔やんでも悔やみきれなかった。その取り返しのつかない反省を思い出し、明日からまたしっかりやろう。

6月11日その2　続柄・友人になる

昼に書いたように、萌さんに会って、アパートの緊急連絡先になる。続柄のところに「友人」と書

我が家の保護猫たち．存在するものはすべて持ちつ持たれつ

いて、年食った友人でゴメンねーと笑う。親子ほどの年の差だけど、新しい友達ができた。

差し出された手を、一度握って離してしまった最初のSOS。細い細い糸が、なんとか切れずに繋がり続けてくれて、2カ月してようやく会えた。ようやく会えた!!

これからよろしくお願いしますね。

困ったらいつでも。今度はちゃんと、必要なときには必ず居るから。

6月12日(金) 反貧困犬猫部結成

コロナ前、私たちが出会う住居喪失者の多くは、所持品はおろか、身分証、住民票、携帯電話もお持ちでない、文字通り身一つの人たちでした。コロナ以降は荷物15箱とか、ロッカーや友人宅に預けていた荷物がたくさんある人がいて、その置き場所を探すのに私たちは苦労している。

小さなワンコと一緒に路上に出て、一緒にお腹を空かせていた人もいた。

「昨日から私も犬も食べてません」

高齢のワンコと飼い主は、支援者によってとりあえず部屋に入った。その途端、安心したのだろう。緊張の糸が切れたように、ワンコが体調を崩している。

支え合ってきた命。見捨てるなんてできないですよね。

そんなわけで、「反貧困犬猫部」を立ち上げました。どうぞお力をお貸しください。

6月14日(日) 公的機関で進化を続けるウソとご飯論法

嘘つきが嫌いだ。

いろんなウソがあるけれど、権力を持つ側がつくウソは、ウソの中でも一番たちが悪い。

それでも、ウソは「この嘘つき!」というそしりを受ける。「ウソはいけないこと」と教えられた私たちは、嘘つきのそしりを受ければそれなりにダメージを受ける。罪悪感に苛まれ、まともな人ならその非難は心に残ってうずき続ける。一部の人間を除いては。

小さな命を守るため お力をお貸しください

反-貧困 ANTI-POVERTY CAMPAIGN

「反貧困犬猫部」を立ち上げます

ペットとともに路頭に迷うケースが急増!

コロナ経済危機により、多くの人が失業したり住まいを失っています。「新型コロナ災害緊急アクション」にも、「犬とともにアパートを追い出された」という女性が相談メールをくれました。

私たちは住まいのない方には緊急宿泊費を渡し、後日、公的な制度などにつなげるなどの支援をしていますが、犬がいるとビジネスホテルやネットカフェには宿泊できません。その日は野宿となりましたが、その翌日から、様々な方の協力で女性と犬が安心して宿泊できる場所を確保できました。一方、彼女は生活保護の相談に行った際、「犬を処分しろ」と言われたそうですが、生活保護はペットがいても利用することができます。

ですが、一度ペットとともに住まいを失ってしまうと、アパート生活に戻るまで様々な困難がたちはだかるのも事実です。また、女性とともに住まいを失った犬は、滞在場所が決まってから体調を崩し、継続的な治療が必要な病気であることが判明しました。

ペットを連れて住まいを失った人からの相談はこの女性からだけでなく、他にも来ています。コロナによる経済停滞が続く中では、これからも増えることが予想されます。このような事情から、私たちは「反貧困犬猫部」を立ち上げ、寄付金を集めることにしました。

フード代や宿泊費、病院代など、飼い主とともに住まいを失った犬や猫などのペットを支援する取り組みです。ありがたいことに、活動に理解を示してくださる動物病院にも出会えました。コロナ禍で、困っているのは人間だけではありません。小さな命を守るため、ぜひ、お力をお貸しください。

(反貧困ネットワーク世話人 作家・活動家 雨宮処凛)

■反貧困犬猫部・部員:雨宮処凛・稲葉剛・瀬戸大作

小さなワンコを抱きしめる女性が待っていた 〈活動日誌より〉

5月27日の夕方、SOSが届いた。「所持金がなく、住むところも、家賃未払いで追い出されて。飼ってる18歳の高齢小型犬がいるため、ホテルもネカフェも泊まれません。仕事も細々とやってはいるのですが、お金が受け取れるのが、来月半ば以降で困ってます。私も犬も、昨日から食べてません。犬でも食べられる食料頂けたら、助かります」。

我が家の愛犬バンビの顔を見たら「悩んでいないで早く助けにいけよ!」と言っているようだ。バンビから半生ペットフード10日分を支援物資、都内某所に駆けつけた。到着したのは22時過ぎだった。小さなワンコを抱きしめていた女性が待っていた。家を失い飼い主と一緒に必死に生きてきた。4月中旬から野宿生活、でも暑くなり高齢犬には辛い。引き離す訳にいかない。原発事故で避難指示がだされた時に多くのイヌネコが残された。福島に向かい残されたイヌネコたちにご飯を配りにいった時、帰る時の寂しく哀しみに溢れた表情を忘れない。18歳のワンコのいのち、飼い主さんと抱きしめあいながら、静かに穏やかに過ごしてほしいのです。

(反貧困ネットワーク 事務局長 瀬戸大作)

勝つためには手段を選ばなくて良いという風潮の中で、進化と発展を遂げるウソ。しかしウソは若干のリスクもはらむ。そこで、ウソが更なる進化を遂げたのが、安倍首相が得意とする「ご飯論法」だ。

実はこの「ご飯論法」、国会答弁の場だけでなく、数年前からは私の身の周りでも登場している。それほどにこのウソの進化形は社会に沁み込んできているのだ。自分を賢いと思っている人間が、周囲をコントロールするときに使っているなぁというのが私の感想。

先日、久し振りにテレビ画面ではなく、シールド越しではあるが、目の前の人間からこの「ご飯論法」を展開されて、「お、久し振りに生ご飯論法！」と興奮してしまった。

何度か書いているが、千代田区役所だ。

所持金200円しかない相談者にお粥と缶詰と水5本(500 mlの)を支給するのは非人道的だとして、他区がどこでもやっている現金貸付を要求したが却下された。

後日、雨宮処凛さんと山本太郎さんが応援に来て下さったときに、係長は言った。

「先週、小林さんは「仮払い」とおっしゃった。しかし「仮払い制度」というものは無いのでお断りした」

自分がしゃべったことを一言一句覚えていることは不可能だ。

もしかしたら、私は仮払いと言ったかもしれない。しかし、同時に私は「他区では相談者の所持金が少ないとき、社会福祉協議会の緊急小口貸付を使って、そのお金を貸付けている。そして保護決定後に相殺している」とも伝えている。親切に。親切すぎるではないか、私。

その文脈ですら「仮払いと言われたから。仮払いという制度ないし」というのは、「朝ごはん食べましたか？」と言われて、「(パンは食べたけどご飯は食べてないから)食べてない」と答えるのと一緒だ。まんまだ。(〝おまんま〟とかけたわけではない)

千代田区が山本太郎さんに対しても、他の取材先に対しても、「小林さんが仮払いと言ったからそんな制度はないとお答えしたまでだ」と言いふらしているので、気分が悪くなるから聞かないようにしていた録音をテープ起こしすることにした。

（＊ちなみに盗聴ではなく、あまりに対応がひどいので「ここから録音させていただきます！」と宣言して始めました。ケースワーカーが「どうぞどうぞ」という余裕の声が入ってます。）

し、た、ら、アータ！ビックリでござんすよ。

確かに私は最初のうちに「仮払い」と言ってるんですね。

ところが、千代田福祉の相談員が「うちではそういう貸付はやっていない。他区ではやってるかもしれませんけど」

「貸付」ってそっちが言ってんじゃん！！！　何度も、何度も、何度も「貸付」って言ってる。分かってるんじゃん！　あたりまえだけど。

私が「仮払い」と言うと、向こうは「ですから貸付は」って答えている。回を重ねるうちに、私も「貸付」と言い直している。最初っから「仮払い」＝「貸付」って認識されているわけですよ。これも当たり前だけど。

もう、「仮払い」とか「貸付」の言った言わないも不毛だし、こんなバカげたことに時間と労力を掛けさせられていることに深い怒りを覚える。

そして、これだから録音しないとならないのです。皆さん、分かってもらえます？

嘘つきは嫌いだ。

しかし、「ウソは言ってません」と平気で開き直る抜け道としてのご飯論法を使う人間を、私は心の底から軽蔑する。

6月14日その2 「公的機関で進化を続けるウソとご飯論法」続き

山本太郎さんと雨宮処凛さんが来てくださったときに、交通費という名目で現金を貸付けてくれた千代田区福祉。太郎さんや雨宮さんが「今後も貸付を出して欲しい」というと、「一人ひとり個別にお話を聞いて、必要に応じて」と課長がお答えになった。

しかし、後日、別の人が問い合わせたところ、「あの日は特例であり、もう貸付はしない」との返答。

つまり「一人ひとり個別のお話を聞いて、必要に応じて」と言いながら、まだ話を聞いてない今後の困窮者に対して「今後は出さない」と言ってるわけで、詭弁もたいがいにしろって話だ。これも「嘘つき!」と言われないような悪賢さで、何か言われようものなら「ウソではありません。必要でないと判断しただけです」と答えればいいのだ。たとえ、相談者が所持金ゼロ円であっても。

言葉が意味をなさない社会の絶望さといったら……。

もうとても、とても、やりきれないのです。

そして、千代田区の対応を白日の下に晒せば晒すほど、相談者が千代田から遠のくのが怖いのです。申請者が減れば減るほど、対応はますます悪化の一途をたどる。だったら千代田の福祉事務所が無くてもいいじゃん！ということにはなるけれど、住人がいる限りそれはできず、志の高い職員の多い福祉事務所に人が集中してしまう。そうすると、対応の良い福祉事務所の職員が過労になって、丁寧なケースワークができなくなる。

こんな悪循環をどうやったら断ち切れるのでしょうかね。

6月15日(月)　飛行機を眺めながら思う

「つくろい東京ファンド」が入る建物の屋上で、夏の雲間を横切っていく飛行機を眺めながら、同行した圭祐さんのこれまで歩いてきた道を思う。

もうダメだと思いながら、一年間も迷って悩んで、ネットカフェや路上を転々としながら必死に生きてきた人。ネットで「生活保護」と検索すると、「若い人は受けられない」とか、「住所がないと受けられない」と書いてあった。だから昨日から、私に何度も何度も聞いてきた。

「自分、本当に受けられるんですか?」と不安そうな声で。

困っていたら誰でも利用できる、それが生活保護だ。生きるために利用する、それは権利。私たちはみな、生きる権利を所有しているんです。若くても、誰であっても。「自己責任」なんて言葉の代わりに広く周知される必要がある。

圭祐さんは最初にSOSを聞いて駆けつけてくれ反貧困ネットワーク事務局長の瀬戸さんの話を何度もする。夕飯をごちそうしてくれたリサイクルショップ「あうん」の中村さんのことを、「あの人、かっこいいっすね」と。声をかけられたことが嬉しかったようで…。

担当のケースワーカーさんは、ベテランと思しき冷静な男性。保護申請と同時に「アパートを探して」と言ってもらえた。

「お若いのに、これまで大変でしたね」と小さな声だったけど、かけてくれたのを私は聞き逃しませんでしたよ。ありがとうございます。

これからようやく生活の再建ができますね。そしたら、日雇いとかではなく、安定した仕事も探せます。一つひとつ、取り戻しましょう。いい大人にたくさん会いましょう。

これからは、瀬戸さんも、あうんも、頼もしい大人があなたの味方です。私はおっちょこちょいだけど、強いおばちゃんです。私もあなたの味方です。今日同行してくださったもうひとりの女性も強い女性です。あなたの味方です。

みんなで、一緒にやっていきましょう。

一人じゃないですよ。

6月16日(火) 東京新聞の熱血記者さん

大きな記事になりました。本日の東京新聞朝刊です。

千代田区で保護申請したあきおさんを取材してくださった東京新聞の記者さんは、同行もしてくださり、福祉事務所の窓口も体験済み。疑問に思ったことはすぐ、各省庁に問い合わせる熱血記者。

「都営パス券は住所のない人には3カ月出ない」と言われたときも、すぐに東京都に問い合わせてくれたおかげで、どうやら3カ月も待たずに済みそうです。

紙面にも取り上げてもらいましたが、千代田区の同行の現場で、「このままじゃ(相談者さんが)餓死しますよ」と私が言ったとき、親子ほど年の離れた相談者の前で、若い女性スタッフが立ったままニヤニヤしていた。「おかしくないですよ。おかしくないんですよ！」と私が繰り返す声が音声に残っていて、いまでも聞き返すとキツい。

コロナ禍で貧困が拡大する中、福祉事務所も混乱してるのは分かる。しかし、相談者の尊厳を土足で踏みにじるような態度に終始している福祉事務所は、コロナもパロマも関係ない。それ以前の問題だ。

自分たちの職務を、学び直してほしい。給料貰ってるんでしょー！

生活保護申請 窓口で追い返し
困窮者貸し付けでも
都内の福祉事務所
新型コロナ
支援団体「助けになる運用を」

東京新聞6月16日

6月18日(木) 今日の千代田福祉

物件探しをするに当たり、「その時に話します」と言うばかりで、探すべき物件の条件や、初期費用の限度額とか、家賃とか、説明する用紙ももらえなければ(もしかしたら存在してない)口頭での説明も無かったので、本日電話してみたところ……。

「ああ、千代田区内？ 千代田区内だったらねえ、6万9800円。よそなら5万3700円ね」

特別基準額（千代田区など地価が高くて家賃が高い地域は特別基準額になる）ですよね、ありがとうございます。初期費用の限度額はいくらですか？

「ええと……初期費用はねぇ……なん掛だったかなと……ちょっと待っててねー」

ガサガサゴソゴソする音。そして保留のオルゴール。しばーらく待たされてから、

「お待たせしましたー。27万9200円ですねー。鍵交換代は2万円までです」

お礼を言ってる間にガチャン！と切られた。せっかちめ!!

しかし、初期費用額がすぐに出てこないんだ。どれだけアパート転宅させてないんだ？と思ってしまう。そういえば、港区の若いケースワーカーさんも、生活保護手帳を確認しながら教えてくれたっけ。千代田区の生活保護世帯は500〜600世帯の間と記憶しているが、このうちのほとんどが居宅なんだろうと想像する。千代田区にお住まいのお年寄りだろうなと。路上から申請してアパートに転居できた人は、果たして何人いるのだろう。その実績に興味が湧いてくる。

6月19日（金）　支援はどこまでするべきかという問題

かなりの時間を割いた相談者の一人が無事にアパートに入って、直後から仕事も始められた。その人から夜中に何度かメールが来た。とてもプライベートなことで苦しんでおられる。返事を一行書いては考え、また書き直しを繰り返して送る。知り合ってから、数えきれないくらいの文字のや

りとりをしている。深夜近くになって「会いに来て欲しい」。うーんとあれやこれや2時近くまで考えて、答えが出せなくて寝ることにした。ビジネスホテルに滞在している時にも、心配して会いに行ったことがあった。案外ケロリとしていて、拍子抜けするやら安心するやらだったのだが……。

私は自分の境界線をあまり尊重されずに育った。

だから、似た成育歴を持つ人の心のメカニズムが、ある程度は理解できてしまう。しかし、理解できるからこそ、立ち止まってしまう。

そして、境界線を尊重されなかった経験があるからこそ、私は自分の境界線が侵されることに敏感だ。

エンドレスに依存されれば、持ちこたえるだけの力量が自分にないことも知っている。かといって、頼る人もいないその人を突き放すことには躊躇してしまう。

他者に依存する「幸せ」はとても不安定だ。相手次第でいつでも自分が不幸になってしまう。でも、それに気づく強さをその人が持つためには、良い友達や良い大人が周りにたくさんいて、その人が自分の足で、必死で立とうとするのをたくさんの手で支えなくてはならないのだ。それを何年も何年も何年も続けて、ようやくその人は他者によってつくられた「自分」の内部に、「自分」を詰め込んでいく。自分の体の中身を自分で満たしていくうちに、幸せを他者に求めなくなる。自分に対する信頼を深めていく。私がそうしてきたように。

アパートがゴールではないことくらい、もう何年も前から知っている。だから、稲葉は「つくろい東京ファンド」を始めたのだ。住む部屋が確保できた後も、その人の生きづらさや困難は続く。その後の困難をサポートし続けるために。その人の一人暮らしを多くの手で支えるために。

その人がつくろいの事務所がある中野に住んでいるのなら、その後のお手伝いができるのだ。カフェでいろんな人との関係性を構築したり、お手伝いにきてもらったり、訪問看護やカウンセリングなど必要なところに繋げることができる。でも、その人が選んだ場所は中野ではなかった。

こうしている間にも、私は他の人の部屋探しをしたり、今日、寮を出される人の救援に駆けつけなくてはならない。私自身、この天気で体調が万全とはいえない。心は千々に乱れる。

その選択肢を選べばあなたは苦労する、と言ったところで選ぶのだ、そちらを。

結局は本人の力による。だけど、そのためには周囲に恵まれていなくてはいけない。そしてそれが全くない場合、どうしたらいいのだろう。

心配している。生きていてほしい。

辛いね、でもその辛さは何十年かしたら「屁」みたいになる。私が保証する。

そんなメールを返信しながら、これでいいのか？　これでいいのか？　と自問が続いてしまう。

駆けつけてあげたい。

だけど、それが繰り返されたとき、早晩私はギブアップする。だから関係を細く長く続けるためにも、境界線を引かなくてはならない。

「それってただの言い訳じゃないのか？」と別の自分が問う。答えは出ない。

6月23日(火) 部屋を持たない人たちに大家さんが必ず聞くこと

部屋を持たない人たちが部屋をさがすときに不動産屋で「生活保護になった理由」を必ず聞かれるのは、大家がそこを気にするからだ。

そんなデリカシーの無い質問を、生活保護利用者にならぶつけてもいいのだと思ってるこの社会が、選択肢のない人たちをますます追い詰めることに気づかないのかな。そして、いくら市場が逆転してるからとはいえ、部屋を貸す側が偉すぎ。

もちろん、大家にも生活はある。大事な資産を守りたいのも人情だ。

だから大家の人権意識だけを批判したいとは思わない。行政がある程度補償するようにすれば、大家は安心して間口を広げるはず。できれば差別などしたくないと思う人たちも少なからずいるはず。意味のない空き家も減るだろう。

いつも協力してくださる不動産屋さん、たくさんの候補を出してくれ、「今日は雨でお客さんも少ないから、気になるところは何軒でも内見しましょう」と、スタッフ3人で手分けして大家に電話をガンガン入れる。

「生活保護の方なんですが……ええ、健康なお若い方で、いやいや精神の問題は全然ないですね、頑張って仕事してきたのがこのコロナで……ええ、ああ、ああ、そうですか。分っかりました。がんばります！」

大家への確認電話の最後を「がんばります」で締めている。かつては、「またお願いします」だったなと気付く。

「生活保護」と言っただけで、次から次へと断られてしまう大家とのやりとりを、相談者が察してしまわないよう気遣ってくださってるのかな？と思うと、これまであちこちの不動産屋での冷たい対応が思い出され、ありがたくて頭を下げたい思い。

スタッフ3人が次から次へと電話をし、目の前に物件の間取り図が何枚も何枚も積み上がる。

これまで、探しても探しても一軒も物件が見つからないような地区で苦労したことを思うと、鼻血が出そうな思いで、「良かったねー、選びな、選びな！」と私のほうが興奮したら、まだあどけない表情の相談者、圭祐さんが一言。

「やっぱ、マンションがいいっすね」

おいっ！とツッコミを入れそうになったが、あったよ、マンションも2軒。

地域によって物件数が違い過ぎるのは問題だ。

生活保護の住宅扶助(5万3700円)以内の物件が少ない地域は、そろそろ住宅扶助の基準額を上げないと、困窮者は該当する物件のある地区に集中せざるを得ない。

生活保護を利用して、アパートに入って、ようやく雨露の心配がない毎日が始まる。飢えなくてよくなる。

しかし、本格的な支援が必要になるのは実はここから。

ご本人は、別になんてことないと気張る。実はなんてことないなんてことは少しもなく、安心すると同時に、これまで蓋をしてきたいろんなものが溢れるだろう。遅ればせながら、これからゆっくりと、苛酷な環境を生き抜いてきた自分の心をいたわる作業をしてください。長い長い時間をかけて。私たち支援者はそのために存在してますから。

6月23日その2　係長の言葉がどうしても許せなかった件、練馬

一瞬、脳の前の方が爆発したんじゃないかと思うほどに目に火花が散った。

同時に、私は目の前に座る係長に大きな声を出していて、その声は涙声で震えていて、体もブルブル震えていた。

反射的にとしか言いようがなく、言い終わってから私はやまびこみたいな時差をもって、大きな声を出してしまったと気づいた。体の震えもはじめて認識した。あまりの怒りの大きさに、何をどう話したのか正確に思い出せないほどだった。

脳細胞がたくさん自死したように、呂律もおかしくなった。


――


練馬の福祉事務所の相談係は、私の名刺を見るなり、「ああ、潮の路さん、お世話になっています」と頭を下げた。相談室に入ってくるときは必ず、相談者の名前を呼び、ビックリさせないように入ってくる気配りの細やかな男性だった。

親身に話を聞き、ビジネスホテルを予約してくれ、何年も何年も寮から寮へと転々とする間に精神が疲れてしまった相談者(亘さん)の通院が途切れているのを心配し、心療内科に打診してくれたものの「保護決定前は受けられない」と言われ、私が心あたりのあるクリニックを提案すると、すごく嬉

しそうに「ああ、そこなら」と喜び、私が連絡をつけると、「何からなにまで」と頭を下げてくださった。

お昼までは温かいムードの中、相談係によるインテイクや病院、ホテルの手配、保護申請の書類手続きがなされた。お昼後の13時からは、担当ケースワーカー(CW)の聴き取りが始まった。亘さんよりいくつも若い、おそらくまだ新米のCWは、あまりにも相談者やご家族の過去を仔細に聞きすぎるので辛い気分になったが、それでも許容範囲だった。

しかし、保護費が出るのは7月9日だと言われた。16日も先である。決定がその前になされても、新規申請者の支給は一律7月9日なのだと。

ならば、貸付をしっかりしてもらわなくてはならないと、お願いした。問題はその後に起きた。

最初の相談係の男性が、すごく申し訳なさそうに入ってきて、「練馬区では本当に少ないんですけど……」と切り出すので、一日あたり2000円くらいなのかな？ と私は思ったのだ。(生活扶助の日割り計算すると、一日約2500円)

「一日、500円なんです」

耳を疑った。

「いやいやいや、ちょっと待ってくださいよ。一日500円で3食分をまかなうのは無理じゃないですか?」

「そうですよね。ムリがありますよね」と男性は申し訳なさそうに「交渉してきます」と出て行った。

なかなか戻ってこない。

しばらくして係長が一緒に入ってきた。優しそうな女性だった。その人が言うのだ。

「練馬では一律500円って決まってるんです」

「500円で3食を食べて、交通費ももろもろ必要雑費もまかなえと福祉事務所が言うんですか? 自炊もできないビジネスホテルで、彼らが食べるのは弁当です。買えませんよね」

すると彼女は言った。

「カップラーメンとか」

亘さんはネットカフェや路上を体験しながら必死に仕事をしてきて、無理に無理を重ねて体を壊した人だ。これまで、どれだけカップラーメンで命をつないできたか分からない。

「これまでどうせカップラーメンを食べて生活してきたんだから、カップラーメンでいいでしょって思ってるんですか?」

生保申請した後までも一日500円でカップラーメンを提案する無神経さ、そして生活保護の生活費が出るのが7月9日という遠さ。それまで500円で生活するという申し出にクラクラした。混乱した。

私の動揺とはうらはらに、彼女は肩をすくめながらこう言ったのだ。

「私もスーパーの安売りで買ったりしてますよ」

そのとき、何かがスパークした。

「なに言ってんですか！　自分も同じだみたいに言わないでよ。この人が歩いてきたこれまでと、あなたの生活はまったく違う！　同じだというなら、無低やネットカフェで、カップラーメンで命をつなぎながら職場に通ってみなさいよ。冗談じゃない‼　無神経なことを言わないでくださいよ‼」

自分でも驚くほどに体が震えていた。

私はいろいろな相談者の半生を、毎日のように聞いてきている。

降り積もる悲しさはやり場がなく、誰がどうしたって彼らの何十年にも渡る辛苦を癒すことなどできず、ただ、すぐにでも不安の少ない、飢えない日々を手に入れて欲しい。明日の心配を毎日毎日、来る日も来る日もしないで済むようになってほしいと、それだけを願って私は動いている。

だから、許せなかった。「私だって節約してるんだから、あなたも」みたいな言い方は許せない。いまでもイヤだ。涙がこみあげる。3カ月おきに仕事がなくなって、そのたびに部屋がなくなる生活をネカフェや路上で埋める生活を、何年かやってみてからモノを言ってくれよ。

「先週、瀬戸さんが同行した人は一万円貸付を受けたと聞いています」と言うと、

「お金を出したのは私です。一万円は出してません」

正確には9500円だ。また出たよ、ここでもご飯論法か。

「そもそも500円っていうのは、ひどい食事であっても3食提供される無料低額宿泊所に送り込むことを前提にしている500円だと思います。無低に入れられた人たちは「タバコ代」って呼んでますよ」

すると係長、「いいえ、食事代です。無低ではお昼が出ないこともあるので食事代という名目です」

「でも、ビジネスホテルでは昼どころか、食事提供は無いわけだから、500円じゃ明らかに不十分てことになりませんか」

「それでも、ないものはないので」

そして加えた。

「いまはコロナで無低は使えない事になってますが」シレッと言う。

「そんなこと4月から知ってますよ、それでも厚労省の通達を無視してでも無低を使おうとしてきたのが各自治体の福祉事務所じゃないですか!」

これまで同行したほぼ全件で「無低しかない」とまずは言われて「いやいや、都がビジネス借りたでしょ」というボケとツッコミみたいなやり取りを繰り返してきたのだ。

なのに係長、

「うちではやってません。コロナで無低は使っちゃいけないことになってますから」

私は練馬区の福祉事務所が先週「無低」を提案し、相談者が申請を一旦止めたことを知っている。

「なんで福祉事務所の係長がウソをつくんですか? 先週区議さんが連れて来た人に言ったじゃないですか。それで瀬戸さんがもう一度来てビジネスホテル出してもらったんじゃないですか」

もう、本当にウンザリなのである。

係長は用紙を持ってきて、貸付一日500円が妥当であること、なんならアルファ米なら提供できること、練馬区は他区とは違い、区に寄せられた寄付金を運用していることを説明した。

確か数年前に訪れた葛飾区も同じだった。あちらは一日1000円だった。

そう書かれた用紙のコピーをくれと頼むと、できないという。写メ撮るのもダメだという。それらの発言が正当だというのなら、録音するからここに喋ってくれとスマホを出しだすと、「録音は禁止されている。録音するなら一切対応はできない」と、今度はその旨書いてある用紙を持ってくる。ホームページに載っているから自分で検索しろと言われたが、その用紙は「練馬法外援護緊急助け合い資金」と銘打ってあった。

「あなたたちが沢山貰おうとすれば、他の人の分が無くなる。それでもいいのか」と言うから、「自分たちの問題なのに相談者に負い目を負わせるような言い方するな」と反発。

その後もどんなに抗議しても、「ごめんなさい。できないものはできません。ごめんなさい。意見はお聞きしました」を繰り返す。

「ごめんなさいではお腹はふくれません。とりあえず面倒くさいクレームは謝っておけみたいな対応しないでくださいよ」と言うと、

「だって、受けとめるしかできないでしょ？　打ち返すわけにもいかないし」

脱力してしまったのだ。ただただ、脱力してしまった。

貸付金は結局、交通費込みで一万円支給された。しかし、あまりにも厳しい。

ムリがありすぎるだろう。感情のコントロールができなくなったことを、申し訳なさそうにしている相談係の男性と、亘さんに謝罪する。

帰る道すがらも亘さんに謝り倒し、「私じゃない人に担当を変えられるから、別の人に引き継げるから」と手を合わせるも、「それは考えていません」と笑ってくれる。相当にストレスがかかっただろうに。申し訳ないことをした。

結局、練馬区の狭い相談室に私たちは4時間20分もいたのだ。亘さんは昨夜一睡もできなかったのに、緊張に背筋をピンと伸ばして。

――

感情を必死に抑え込み、30分待たせてしまった次の相談者に会いに走る。

お腹を空かせている人と大戸屋に入り、「なんでも好きなものを頼んで、たくさん食べてください」と言ったのに、彼がタブレットに打ち込んだのは一番安いざるそば。

どうして？ お腹空いてるんですよね？ 天ぷらは？ と私が押し売りしようとすると、「ここでうまいもん食べちゃうと、この後が辛くなるから」と答えた。

帰り道、ポロポロと涙をこぼしながら、「サヴァウメ、サヴァウメ〜」と呪文のように唱えながら家まで歩いた。とにかく、悲しくて、悔しくて。

6月24日(水)　千代田区役所、アパート一時金申請提出

怒って泣いて落ち込んで、悶々として眠れない夜を過ごしても、一夜明けると立ち直るのが私の強み。皆さんが私の悲しみや悔しさに共感してくださったおかげで、私の辛さは薄まりました。一時、魂が体から抜けそうな頼りない状態になりかけましたが、皆さんから寄せられる励ましやメッセージに我に返り、抜け出しそうな魂の尻尾をガッと摑み、また体内に戻しました。私、オッケー👆　ただいま！　戻ってまいりました。

そんなわけで、行ってきましたよ、千代田区役所。アパート転宅の一時金申請です。保護申請でも散々に苦労したけれど、アパート探しも困難を極めたこのケース、途中から部屋探しの支援をしてくれている「ハビタット・フォー・ヒューマニティ・ジャパン」のスタッフ笠江さんに物件探しをバトンタッチしたところ、笠江さんはやってくれました。そして、一時は永久に来ないかと思われた一時金申請の日を迎えたわけです。

区議や新聞記者たちのご尽力のおかげもあって、千代田区役所は私たちに対しては適切な対応をしてくださるようになっています。ケースワーカーともコミュニケーションが取れてます。相変わらず名刺を押し返す仕草は抜けないみたいですが、私たちも笑って流せるくらいになりました。余裕です。許容範囲です。ビジネスホテルをチェックアウトしなくてはならないデッドラインの前日に、相談者のあきおさんは千代田区内のアパートに移ります。

「自分の部屋、何年ぶりだろう」

区役所前広場の石のベンチで心地よい風に吹かれながら、笠江さんとあきおさんを挟み、申請にきた日の衝撃を回想したりしました。

「いまはもう、まるで別人だよ！」と、ケースワーカーの変わりように喜ぶあきおさん。

せっかちな私と、自分のペースを守りたいあきおさんが、ときに険悪なムードになったりもしたことも懐かしく思い出されます。本当にたくさんの人たちが関わり、応援されて、ようやく彼は部屋に入る見通しとなったわけで……。

足元にやってくる雀を三人で笑いながら眺めたりしていたら、あきおさんがかろうじて聞こえる声でボソボソ言った。

「いや……もう、ほんと……つくろいさんには感謝しかないっすよ」

えええ？　なーにー？　聞こえなかったぁー！　と笠江さんとフザケながら、感慨深い。

部屋はゴールじゃなくてスタートだから、これからも大変なんだと思うけど、まずはここまできたあきおさんを、一緒に頑張った私たちを、支えた多くの人たちを讃えたい。心からの感謝とともに。

すり減る日々を送る著者を，かわいさだけで支える左から梅とサヴァ

6月25日(木) ボブ・ハウス──世界一有名な猫ボブが亡くなった

2017年に日本でも公開された『ボブという名の猫』という映画を、当時イナバと一緒に観にいった。ボブの相棒であるジェイムズ・ボウエンさんが「ビッグイシュー」の販売者であったことから、「ビッグイシュー」東京事務所とご縁がある私たちも、映画をとても楽しみにしていたのだ。

「ビッグイシュー」つながり以前に、私たちはこの界隈でも呆れられるほどのキャットラバーだ。イナバは子どもの頃、気位の高そうなヒマラヤンが家にいたし、私は私でケニアにいた幼少期には山猫みたいな容姿の「ムスティ」、インドネシアでは「ドラ」、短大時代には道端で鳴いていた目の悪い仔猫を連れ帰り、再び「ドラ」と名付けた。いま、実家にはドラが亡くなった後にどこからともなくやってきて居着いた「竹丸」がいて、気のいい彼もそろそろ寿命を迎える。

もっと言えば、祖母は地域の野良猫に自宅を開放して、家が常に猫だらけだったという。いまだったら排斥運動が起きてもおかしくないのだが、当時はご近所さんたちも寛容で、祖母は「ニャンコ婆ちゃん」と呼ばれ、幸せな生涯を送った。

そして私たちはサヴァと梅という名の保護猫の親でもある。

そんな私たちだったから、猫と「ビッグイシュー」のコラボときたら、観にいかない理由がない。ジェイムズさんは薬物依存症でホームレス状態を経験している。その中で、猫のボブと出会い、ボブが生きる目的となり、薬物を克服していく。

映画は世界中で大ヒットして、第2作目も作られたらしい。日本公開はカミングスーンだ。

猫のボブが表紙を飾る「ビッグイシュー」は、日本でも売り切れ続出だった。ボブは、ジェイムズさんだけでなく、日本のビッグイシュー販売者たちも助けてくれていたのだった。

そのボブが死んだ。推定14歳。


ちょうど、先月、高齢の小型犬と一緒に路上に出てしまった女性からのSOSがきていた。

ペットがいる場合、一時待機するビジネスホテル探しから壁にぶち当たる。アパート探しも苦労しそうだ。ペット問題は以前からずっとあった。私たちが夜回りをする公園で、河川敷で、野良猫たちを面倒見ているおじさんたちがいた。猫たちを見捨てて自分だけアパートに入れないと、生活保護を拒んでいた。


カフェ潮の路が始まる前からずっと一緒に仕事をしてきたIさんを思う。

Iさんは公園で暮らしていた頃にダンボールに入れて捨てられた仔猫を拾った。いろんな人が捨てていく犬やウサギやフェレットや、落ちてきたカラスの子どもを育てていたから、アパート入居は仲間たちの中でも最後になった。猫の存在を隠して支援者の協力のもとアパートに入り、19年間支え合って暮らした。

その猫パー子と別れるくらいなら、彼はアパートを諦めただろう。旅行も、入院も、猫のために躊躇せずに断っていた。

ボブの死をきっかけに、遅ればせながらつくろい東京ファンドではペット可物件の借り上げを開始することにした。名付けて「ボブ・ハウス」。

ペットは贅沢ではない。共に人生を歩む相棒で、生きる上で必要不可欠な存在だ。

「いろんなものを失う経験をしたからこそ、絶対に失いたくない存在があるのではないだろうか」

イナバは「Web 論座」にそう書いている。

ボブは亡くなった後も、人々に影響を与え続けている。

6月26日(金) 敵ではなく共にやりたいんです、という片思い

私は、自分の戦果を上げるために福祉事務所に申請同行に行っているわけではないので、

「今日もやつら、いてこましたるわ」

と、吸ったタバコを足元にたたきつけ、福祉事務所の門をくぐるわけではない。

はたまた、もともと白かったランニングをボロボロにして、顔や髪からは汗をしたたらせ、口の端にはすでに乾いた血を貼り付けて、手づかみで捕まえた野ネズミを生きたまま喰らいながら、肩にはマシンガン、そして裸足で福祉事務所のドアを蹴破り、

「生活保護申請に来ましたけどぉっ!!!!」と叫んでいるわけでもない。

闘う気なんて、最初からないのだ。

私の申請同行スタイルは、保険の営業のおばちゃんである。

目つきの悪さで牽制することもあるが、あくまでデフォルトは「あ、どうもどうも、あたくし、こういう者でございます。本日はよろしくお願いいたしますぅ」と、卑屈なくらいに友好ムードを漂わ

せる。対応には一見関係なさそうな受付の高齢スタッフにもあいさつを忘れない。

余談だが、子どもの頃、奥二重の目を「目つきが悪い」と因縁つけられて、イキがった同級生たちに体育館裏に呼び出されて苦労した。以来、誤解を避けるために、できるだけ目を大きく開けるようにしていたら、若いうちからオデコにシワが寄るようになってしまってひどく後悔したものだ。しかし、そのシワや目つきの悪さがいまは効果的に働くこともあるのだから、人生って分からない。

私のスタンスは、あくまで相談者がいまの苦境から脱することができるよう、支えて欲しいというお願いモード。本音を言えば、「それがあなたたちの仕事なんだから、こちらからお願いする筋合いでもないんだよ、連れて来てくれてありがとうくらい言えんのか！」なのだが、いまの腐ったこの社会で、そんな通じない正論をふりかざすほど私もウブじゃない。

だから、支える手を増やしましょう、あなた方が忙しいなら、あたくしたちボランティアですけどいろいろ面倒くさいことは手伝いますから、一緒にやろうよ、な、バディ♥というアピールを全身で表現しながら、心の中では、「頼む……違法なことや、相談者をこれ以上苦しめるようなことはしないでくれ！」と祈るような気持ちで不気味な愛想笑いを浮かべているわけですよ。

だけど、必ず「こっちが下手に出てりゃあいい気になりやがって！」という展開になる。つくづく不本意だ。彼らはまるでロボットのように「ムテームテー（無低）」と繰り返すし、何度相談者が「嫌だ」と明確に言っても、今度は別の人がやってきてまた最初から「ムテームテー」とくる。

受付表の来所目的を「生活保護の申請」と、あえて備考欄とかに書いているのに、申請書はムテーを承諾しないと出て来ないシステムになっているのか、一時間経過しないと出てこなかった。

そもそも、「生活保護の申請」に条件などない。はっきりと意思を表明しているにもかかわらず、最初から申請書が出てこない時点で申請権の侵害にあたるのに。違法行為だろうに。無低(施設)の強要も然り。

そして、異論を差し込ませないような隙間の無い説明にはいつもモヤモヤする。礼儀正しく最後まで聞いていると、「保護受けるなら無低しかないんでよろしく。アパートはしばらくあなたの様子を観察して、検証してからだから」で終わる流れになっている。

この、相手に何も言わせずに自分の流れに無理やり乗せるやり方って、悪徳商法や一部のカルトな宗教の勧誘手口と同じではないですか。でも、これ、ほとんどの福祉事務所でやることです。で、「ちょっと待ってください」と口を挟もうとしたり、相談者の意思を伝えようとすると、「部外者は黙っていて」みたいなことを言われる。明らかに力を持つ側から一方的に喋られて、異論など言えない立場にいる人のことが分からない。いや、分かっているのだ。だからその手法を取っている。

そのスタイルのすべてが、「決定権はこちらにある。お前は従うか出ていくかしか選択肢はない」というメッセージを相談者に送っていると思うのだが。

せめて、説明の合間合間に、「ここまでで何か分からなかったことはありますか？　質問はありますか？」と、相手と対話することはできないのだろうか？　ほんの少しでも相手を尊重するのが、そんなに難しいことなのだろうか？

そしてそして、扶養義務。

ありえないような家庭環境にある人に対しても、「(親族への)扶養照会をするかしないかは分からない」なんていうのはもう、悪意以外のなにものでもない。ふつうなら相談者はそこで助けを求めることをやめる。その人の命や生活や精神に、ガチで危険が及ぶ可能性が限りなく高く、そして扶養をする可能性はゼロである相手に扶養照会を「絶対にしないとは言えません」と福祉事務所の職員が言うって……これ、怒る私がおかしいですかね?

傘の中に忍ばせていた吹き矢を取り出しはしませんでしたが、いや、忍ばせていませんが……カウンターを仕切るアクリルボードすれすれに身を乗り出して、目に怒りをたぎらせて「大問題になりますよ」と釘をさすくらいしかできないのが本当に悔しい。

「担当者がいないからビジネスホテルの活用は分からない。っていうか、わが区では6月9日以降は生保申請の方のビジネスホテルは継続しないことにした。そして、わが区では認知症などの特殊な例以外は、代理納付(福祉事務所から家主に直接、住宅扶助費が振り込まれること)はしない。だって、金銭管理ができない人にアパート生活は無理だから」

ケースワーカーの言い分はいちいち気になるのだけど、一緒に同行してくださった方に「まぁ、まともなほう」と答えてる自分の感覚がすでにおかしくなっていると、昨日今日のやりとりを反芻していて思った次第。

相談者が嬉しそうにしていたのだけが救い。彼もこれまでどんだけひどい対応を受けて来たのか……。

6月27日(土)　祝☆アパート転宅

6月15日に保護申請した若者、圭祐さんのアパートが決まりました！

申請に同行してくださったHさん。アパート探しを一緒に体験して下さったもう一人のHさん、ずっと彼を励まし続けてくれているビッグブラザー瀬戸さん、協力的な不動産屋さん、皆さんに感謝!!

6月30日(火)　16日後まで出ないはずの保護費が7日で出た！

6月23日に練馬区で生活保護申請をした亘さんの保護が本日決定となりました。

瀬戸さんや区議さんのご尽力もあり、半月先まで出ないと言われていた6月分の保護費を本日受け取ることができました。それを知らされたときに「一体、なにがあったんですか？」と狐につままれたように電話をしてきた亘さんもホッとしたご様子。今週からアパート探しを開始します。

先週、不用意な発言をした係長はその発言を謝罪されたそうなので、私も大きな声を出してしまったことをケースワーカーさんに謝罪し(怒った内容については謝罪しません)、役所をあとにしました。

さて、6月26日に他区で生活保護申請をした相談者の健児さんです。

彼は今月いっぱい上野のビジネスホテルに滞在を許されていますが、明日からの行き先がない。

昨日、ケースワーカーさんがホテルに健児さんを訪問して来られたそうです。居住実態調査というやつでしょうか。そのときに次の居所の話になるかと思いきや、何も言わずに帰ってしまったとのことだったので、今日、本人から電話をしてもらいましたところ、本日あたり保護が決定になるだろうから明日来てもらいたい。そのときに一時待機場所の話もしたい。しかるに、明日の朝、来てもらう時間を電話にて伝えると言われたそうなんですが……なんで、明日の約束が今日できないのかニャ？健児さん、一日予定を空けて待っていなくてはならないではありませんか。

健児さんのアパート探しも早く始めたい。

6月30日その2　餃子を頬張る姿を想像して嬉しや

27日にアパートの部屋が決まって、一時金申請を提出してきた圭祐さんを、「反貧困ネットワーク」の瀬戸さんがリサイクルショップに連れて行ってくれている。今後の生活をするために必要な家具や家電を買うのです。

電話を代わってくれる。圭祐さんは、「あ、おつかれさまでーす」と軽快な声。「とりあえずー、洗濯機とー、冷蔵庫と電子レンジとテーブル買いました」

炊飯器は？

「炊飯器は……あれ？　オレ、炊飯器買ったっけ？　あ、買ってないっす。しばらくはレンジがあるんで、パックのご飯食います」

そうだね、そんで給付金出たら炊飯器も買えるね。

「そうです、そうです」

すごく嬉しそう。

久しぶりに大好きな瀬戸さんに会えてるのも嬉しいのだろう。

瀬戸さんは、彼の他にもうひとり支援している若者と3人で餃子の王将にいるらしい。

「おまえら、どんだけ餃子食うんだ、そんなに餃子食って大丈夫なんかよ！　ご飯、大盛りじゃねぇかよ」という声が聞こえて大笑いする。

「ろくなもん食ってこなかったんだよなぁ」と2人で話して、たらふく食べさせてやってくださいなと電話を切る。


これからは、派遣切りに遭っても、コロナが流行っても、君には自分の部屋がある。少しでも安いネットカフェを彷徨い歩く必要も、そのお金すらなくなって路上で過ごす必要もないからね。

日本の福祉事務所がすべての人にこのような安心、安全な生活基盤をサポートしてくれるといい。アパートが決まって彼らが目を輝かせる姿や、大量の餃子を食べる姿を福祉事務所の職員にも見せてやりたいなぁと思う。

私たちのサポートは必要に応じてかなりつきっきりで、結構たいへんなのだけれど、彼らのいろんな表情を見ることができる。焦り、不安、苛立ち、ゆらぎ、そして安堵、笑顔へと移り変わる瞬間。それらを見ているから、私たちはこんなサポートができているので、それを見ることができないケースワーカーは志やモチベーションを保つのはきっと大変なんだろうなと、同情したり、しなかったり。

7月1日(水)　福祉よ、今日はありがとう

6月26日に申請した健児さんの生活保護が昨日、決定。本日6月分と7月分の保護費が出ました。

ケースワーカーさんは先週のやや硬な対応からやや柔になって、とてもスムーズ。数日前まではS

SS(大規模無低)の提案もあったそうですが、コロナ感染の拡大はやはり無視できないのか、つくろいで借り上げているシェアハウスへの入居が許可されました。シェアハウスとはいえ、少なくとも不特定多数との接触はありませんし、食事も共にしませんから。

「アパートまでは1カ月か2カ月待ってくれ」と言われましたが、悪代官みたいな顔で「エヘヘヘヘ」と笑って首を縦には振らない私。

「受給証明書をください」と言うと、ケースワーカーさんは警戒の色を浮かべ、「何に使うんですか?」

「えーと、えーっとぉ、部屋探し」そして、エヘヘヘへと笑って誤魔化す。

すごく渋々と持ってきてくれ、「1カ月か2カ月待ってください」「エヘヘヘヘ」を繰り返す我々。

よし、部屋探しのための、受給者証明書ゲットしたぞ!

「カトリックの学校で育ったから、自殺がとても罪深いことはわかっている。分かっているけど、路上になって食べるものも無くなったときに、もう自分で幕を閉じるときかなって思ってました」

そう語った健児さんが、少し安心してよく笑う、とても良い一日となりました。

良いアパートが見つかるように神社に御参りした後で、写真を撮ってもらう。ポーズが中途半端で反省。

その後、駅のトイレで男子トイレに入るという失態。気まずそうに出てきたら「セクハラですよ」と健児さんにたしなめられる。わざとじゃないってば。

あとがき

この数カ月間、連日、東京都内や神奈川を走り回っていたにもかかわらず、私は桜を覚えていません。

人間界でなにがあっても、毎年花は咲き、散って、実を付ける。いつもなら自然の移ろいにとても敏感な私が、今年は一番美しい季節を見逃してしまいました。

ただ、風が強かったことだけをよく覚えています。どうして今年はこんなに強風が吹くのかと、いつも思っていました。夜の中野サンプラザ前の広場で、新宿アルタ前で、はじめて訪れる神奈川県の駅前で、うつむく相談者に強い風が容赦なく吹きつけていました。

生活保護の申請同行をした方々は、すべて無低を経ることなくアパートにつなぐことができました。ご協力くださった皆さまに心からお礼を申し上げます。また、福祉に繋げるまでのホテル代や食費を躊躇することなくお渡しできたのは、たくさんの皆さまがお寄せくださったご寄付のおかげです。皆さまからお預かりしたご寄付は、残らず相談者への支援に使わせていただいています。今回のアクロバティックな支援活動は、皆さまからのご寄付なしには実現不可能でした。ありがとうございました。

4月にいきなり洗濯機に放り込まれたようになって、指令がくだるたびにあっちへこっちへと、一日数カ所で人と会い、制度にお繋ぎしてきました。

会う人たちはみな、これまで数年ネットカフェで暮らしながら仕事をして命をつなぐ人ばかりでした。彼らのほぼ全員が、親が不在か、いても頼れるような関係性ではなかった。仕事を求めて転々としているから、友達が少ない。助けてくれる人がいない。半数くらいは「死」を意識するほど追い詰められており、あと一歩後ずさりしたら崖から落ちてしまう、そんな待ったなしの状況でした。ネットカフェは彼らの最後の最後のよりどころ、「生きる」を続けられる場所だったのでしょう。

しかし、ほとんどの人が携帯の通話料を払えずに止められていました。「ホテルに着いたらまず髪が洗いたい。毎日洗いたい」と言った若い女性は一人ではありません。医療に長年かからないでいたから、病気が進行してしまっている人もいました。歯をほとんど失くしてしまった人も何人もいらっしゃいました。置き引きにあって、自分を証明するものが何もない人もザラです。

全員が、もっともっと早くに、ネットカフェ生活を始める直前に、福祉を利用して生活を立て直すべき人たちでした。いまでもそういう人が何千人も、ネットカフェや、漫画喫茶、あるいは見知らぬ男性の家に泊めてもらいながら、身を削って生きています。こんな状況を日本の社会はいつまで放置していくつもりなのでしょうか？

日記の中では、一人ひとりのプライバシーに配慮し、複数の事例を一つにまとめている場合があります。また、福祉事務所の対応については、突出して問題だと感じたケースについてのみ自治体の場所を特定しています。不適切な対応や問題発言があるにもかかわらず自治体名を明記していない箇所もありますが、それはその自治体だけで行われているものではなく、ほんの一部の自治体（一、二カ所くらい)を除いて、他区でもだいたい満遍なく、平均的に、デフォルト化している事だからです。

福祉事務所の労働事情や構造上の問題を少しは知る身として、書いていて逡巡することもあります。しかし、私はあくまで力関係でいえば圧倒的に弱い当事者側に立とうと決めています。当事者の目線に立ち、モノを言わせてもらいます。

一般の世界に生きる人たちは、まさか公務員が、それもよりによって福祉事務所の職員が、助けを求めてやってきた市民に平気で嘘をついたり、ごまかして追い返すなんて想像もしていません。公務員は市民のために働く人たちのはずですもの。違いますか?

福祉の現場、貧困の現場の現実は、まだまだ多くの人に届いていません。届いているのは自己責任論や不正受給という、一部の政治家が煽った悪質なデマばかり。

コロナ禍で「貧困」はすべての人に無縁のものではなくなりました。自分たちが働けなくなったとき、私たちの生活を支えてくれるはずの福祉事務所の実態はどんなものなのか、ぜひじっくりと読んでいただき、サービス向上に力を貸していただけたらと思います。

そして、ネットカフェから晴れてアパートに入った後も、困難が続く人たちは一定数います。つくろい東京ファンドのシェルターを卒業して、地域でアパート生活をする人たちの多くも「その後も続く困難」を抱え、必要なサポートを受けながら生きる人たちです。

先日、古くなった張り紙を替えに、久しぶりに「カフェ潮の路」に行ったついでに、お向かいさんに挨拶に寄ると、こう教えてもらいました。

「ときどき、カフェの外のベンチに年輩のWさんとA青年が並んで座っていますよ」(カフェのご近所さんたちはみな、カフェの常連さんたちとも顔見知りです)

小柄なWさんと、お相撲さんみたいな体格のA青年が並んで小さなベンチに座っているところを想像して、たまらなくいとおしく、同時に切なくなりました。コロナウィルスが原因だから仕方がないとはいえ、彼らの居場所を閉め、いつまでも我慢を強いていることに身が引き裂かれる思いです。

一日も早くまたみんなで集える日がくることを、そして、カフェの常連さんたちを受け入れ、温かく見守ってくださる優しいご近所さんたちのように、この日本社会が困難を繰り返す人たちをも見捨てることなく支える寛容な場所になること、そして、住む場所も助けてくれる人もなくさまよう人たちが日本から一人もいなくなるよう切望しながら、一旦筆を置かせてもらいます。キーボードですけど。

小林美穂子

新型コロナ緊急事態宣言下のある体験

宍戸正博

4月7日、新型コロナウィルス感染症による緊急事態宣言が出されたとき、これはいままで経験したことのないような大波がやってくると感じながら、外出できない巣ごもりの時間をどのように過ごそうか？そんなことを考えていた。

私は高齢者施設の介護職だが、以前勤めていた施設ではインフルエンザが燎原の火のように瞬く間に蔓延したことがあった。利用者の多数が感染したばかりでなく、職員も感染して休まざるを得なくなり、それは過酷なありさまだった。新型コロナがひとたび施設に入れば、その比ではない。

ところが翌8日、小林美穂子さんのFacebookの投稿を見て啞然となる。

「パンドラの箱を開けてしまったかもしれない」

前日に緊急事態宣言のためネットカフェ等を退去せざるを得ない人たちを対象に、つくろいで相談フォームを設けたのだが、そこにSOSの相談が続々と届いているというのだ。

詳しい説明は稲葉さんたちの原稿に任せるが、「つくろい東京ファンド(以下、つくろい)」は、「まず住まい」、「住まいは人権」という意味の「ハウジングファースト」を掲げる団体で、都内の複数の団体が参加するハウジングファースト東京プロジェクトの一員。同プロジェクトは、オープンダイアローグ(対話的な精神領域の治療・支援のあり方)やハームリダクション(依存症などで本人を尊重しつつ危険性を減らすあり方)など先鋭的な支援を実践していて、私もボランティアとして関わるうちに段々面白くなってきて、ボランティアのために茨城県から都内に引っ越してきた。

高齢者施設の職員としては感染を避けなければならない。ただ、こういう危機のときに何かしたいと思って福祉を志した。そんなジレンマを抱えつつ、できることがあれば手伝いたいとつくろいスタッフの一人、佐々木大志郎さんに連絡を取った。

感染リスクを可能な限り減らしながら、支援を継続する。先の見えない中での手探りの活動が、こうして始まった。

翌9日、仕事が終わってから佐々木さんに連絡すると、この日もSOSが来ているという。その人がいる北千住駅に向かった。

緊急事態宣言発令後の電車はそれまでの帰宅ラッシュに比べればずいぶん乗客が減ったものの、それでもソーシャル・ディスタンスがとれない〝密〟な混み具合。とにかく手にウィルスはつけまいと物に触れないよう気を遣う。

小雨のそぼ降る北千住駅周辺。多くの人が行き交う中、どの人か見分けがつかなかったが、スマホで電話をすると、目の前に電話を取る人がいた。

その人、飯島さん(仮名)は30代の男性で、細身で身ぎれいな格好をした、一見するとこのような苦境とは無縁そうな青年。この日、稲葉さんが出演した民放のラジオ番組をたまたま聴いていて、つくろいの緊急宿泊支援のことを知ったのだという。すでに所持金が底をつき、昨晩は野宿。朝から何も食べていないそうで、近くのマクドナルドに入り、食事をとってもらってから話を聞いた。

物静かなたたずまいの人で、自分の状況を淡々と話してくれた。最近まで山手線沿線のネットカフェに滞在しながら派遣の仕事をしていたそうだが、コロナの影響で4月頭に派遣切りに遭った。それから何件も仕事に応募したものの、一向に見つからないという。

緊急支援では切迫した状況なだけに所持金や宿泊先、健康状態など心身の安全に関する要点を確認した上で、生活を安定させるための方法を具体的に提案する。多くの人は自分が生活保護など、公的な制度を使えることを知らない。

飯島さんは以前に、公的な支援を受けていたもののそこで嫌な思いをしたこともあり、つくろいが新宿区内に確保したシェルターに一週間程度滞在しながら、まずは寮付きの仕事を探すことになった。

その週末、緊急事態宣言の影響でネットカフェ等を退去した人のために、東京都がビジネスホテルを確保したとの情報が伝わっていた。これで当面の宿泊先が確保されるとほっとしたのも束の間、私たちの元には、役所の窓口に相談に行ったにもかかわらず追い返される、いわゆる〝水際作戦〟をされた人たちからの連絡が相次いだ。

飯島さんもホテルへの宿泊支援を希望していたが、そういう経緯もあり、行政からの受託で生活困窮者の自立を助ける公益社団法人「東京社会福祉士会」が運営する、新宿区にある自立相談支援窓口を勧めることにした。公的な窓口では違法な運用ながら、前夜自分の区に寝泊まりしたことを条件にすることが多い。飯島さんは新宿区のシェルターに滞在中で、大丈夫だろうと独りで行ってもらった。

ところが結果を聞いて愕然とした。直前に泊まっていたネットカフェが新宿でないので、そのネットカフェのあった区に行って、とたらい回しに遭ったという。困窮者を支援する公的機関や、ソーシャルワークを掲げる公的団体が、支援を求める人の尊厳を傷つけ、命や安全性を危険にさらす。私はあまりのことに血圧が上がったのか、フラフラと調子が悪くなってしまった。これは断じて見過ごせないと、その日のうちに入念な質問状を作成し、新宿区と東京社会福祉士会に送信した。

翌朝、東京社会福祉士会からすぐに返事が来た。今回のネットカフェ退去者については区役所が直接担当していて、そんなことが起きていたとは知らなかった。すぐに区の担当者に問い合わせるとの内容。その問合せのおかげか、その日のうちに担当者から飯島さんに謝罪の電話があり、翌日ビジネスホテルへ宿泊することができた。

感染予防から役所の窓口への同行を控えていたが、露骨な水際作戦やたらい回し、本人が住みたくない宿泊先を強制されることが続き、支援者による同行が必要というのが、支援者の共通認識になっていった。

ホテルに入ってからも飯島さんは仕事を探し続けていたものの、コロナの影響で面接が延期になり、生活保護を利用することを決意する。4月下旬、福祉事務所への申請に私が同行した。先のやりとりもあり、申請は思った以上にスムーズに運んだ。通常、生活保護を利用する場合には、親や兄弟に本人を援助できないかと連絡する「扶養照会」という仕組みがあるが、家族関係に事情を抱えている当事者にとって家族に連絡されることは耐えられないことで、これがネックで生活保護の利用をためらう人も多い。今回もこれが関門だったが、窓口の相談員が家族事情を考慮してくれて、扶養照会を控える方向で検討すると言ってくれた。ビジネスホテルも同じ部屋をそのまま利用できることになった。一週間後には無事、生活保護が開始された。

ただ当時、ホテルの一時宿泊はゴールデンウィーク明けの5月7日朝までで、その後の宿泊先が不透明だった。

生活の安定には仮住まいではなく、アパートなど自分自身の住まいが必要だ。決まった住所がなければ、安定した仕事探しもままならない。とは言え、アパートに入居するためには家賃のみならず、敷礼金その他で20万円以上の初期費用がかかる。生活保護には他の制度にはない優れた点があって、アパートの初期費用が支給される。それには福祉事務所の許可がいるが、嗅覚の鋭い支援者たちはすでにビジネスホテル後の生活をにらみ、申請と同時にアパート転宅を交渉し始めていた。当時はそういう情報を共有する機会がなかったのもあるが、飯島さんと同行した際、私はまだアパート転宅の交渉をできていなかった。

5月に入って緊急事態宣言が延長になり、ホテルの利用も延長になった(ホテルの利用期限の延長はこの後も何度かあったが、利用者には期限すれすれまで知らされず、そのつど不安にさらされることになる)。

そして週明けの11日、担当のケースワーカーから飯島さんに連絡があり、幸いアパートへの入居が許可になった。しかし、住まいのない人には、生活保護の申請や、環境のよくない一時宿泊所での生活、アパートへの転宅を認められることはいずれも高いハードルだが、アパートを探すこともまた極めて難しい。

アパート入居のためには公的身分証と、連絡先となる携帯電話が必要だが、生活や住まいが不安定になるにつれ、盗難や滞納などで失うことが多くなる。家族や友人と疎遠になっていれば、緊急連絡先や連帯保証人になってくれる人も見つからない。最近はアパート入居の際、保証会社を使うことが多くなっているが、過去に携帯電話代や家賃、借金返済を滞納していれば、保証会社の審査も通りづらくなる。

そしてもう一つ、生活保護利用者に対する大家や不動産管理会社の無理解や偏見という見えない壁。

その点で言えば、飯島さんは身分証も携帯電話も持っており、しかも自分自身でどんどん動ける人だった。緊急連絡先の手配などを手伝った上で、継続的に電話で連絡を取った。私自身フルタイムの仕事をしながら複数の人を並行して支援している状況で、正直心身は限界に近かった。相談者の力に応じて、サポートする量を変えていこうという考えもあった。

飯島さんはやはり力のある人で、自分の強みをよく考え、将来をにらんで地域を選び、自力で協力的な不動産屋を開拓していった。電話でその報告を聞いて、しばしば感動をおぼえたものだ。

ところがその努力にもかかわらず、多くの物件にあたって申し込むものの、大家から断られたり、保証会社の審査が通らない。すでに6月も中旬になり、飯島さんと同時期にアパート探しを始めた人がアパートに入居することも多くなっていた。

このままでは、7月上旬のビジネスホテル滞在期限に間に合わなくなる。心配になった私は他団体の不動産事業への仲介と、つくろいに協力的な不動産会社を紹介することにした。

その手筈も整ったところで突然、飯島さんと連絡が取れなくなった。電話はつながらなくなり、メールを送っても梨のつぶて。その間も他の人たちへの支援は続き、人それぞれ紆余曲折はあったものの、ホームレス状態だった人も含め、次々にアパート入居が決まっていった。

いま、飯島さんはどうしているのだろうか。もしかしたら、自力でアパート入居を果たしているのかもしれない。希望の感じられる生活であればいい。ただ、関係が途絶えてしまったことに、後悔は残る。

連絡が取れなくなる直前、飯島さんから何度か着信があった。私は仕事中で電話に出ることができなかった。飯島さんは何を伝えたかったのだろうか？

いまとなっては分からないことながら、一つ気になることがある。

アパート探しの際、よく聞かれるのが「なぜ生活保護になったのか」ということ。飯島さんはアパート探しが難航しただけに、そのことを何度となく聞かれたに違いない。何度も心を奮って話したにもかかわらず、大家や保証会社に断られる。おそらく自分を否定されるようなつらさを繰り返し感じ、生活保護を選んだことを後悔したかもしれない。

飯島さんはアパート探しの経過などは事細かに教えてくれたが、自分の気持ちや過去を多く語らなかった。だからあえて深く聞かなかったが、それがよかったのか。いまもどんな態度がよかったのか考える。

このコロナ禍の緊急支援は、安全や命の危機という切迫した状況から安定した生活へ移るため、何をするかという具体的な行動が不可欠な支援だった。ただ、心に何かを抱えていたり、さまざまな関係をなくしてきた人には、「ともにいる」という関係性が大切であるということを、これまでのつくろいでの支援やダイアローグの学びの中で少しずつ感じていた。

相手のために何かを「する」ことを時に手放して、ただともに「いる」こと。そういうあり方を思いながら、どんなふうにしていけばよいのか、いまもまだ迷いの渦中にいる。

緊急支援でサポートしていた人たちの多くはアパートに入居した。

私はその人たちと今後、どんな関係を築いていくのだろうか？

「コロナ禍」における「通信禍」
――支援対応の「ニューノーマル」を模索して

佐々木大志郎

「泊まる場所がありません。助けてください」

「ご連絡感謝申し上げます。いまどこにおりますか？　所持金はいくらでしょうか？　電話でお話しすることはできますか？　携帯電話は単体で通信できますか？」

「所持金は残り1000円です」

「教えていただきありがとうございます。今日すぐにお会いすることはできますか？　最寄り駅を教えてください。お電話番号を教えていただき、いま通話することは難しいでしょうか？」

「電話は止まっています」

「了解しました。現在地を教えてください」

夜8時。おそらくフリーWi-Fiを利用したメール越しのやりとり。たどたどしい。向こうの端末のバッテリー切れも怖い。とにかく早く所在地を確認したい。

「池袋です」

すぐに緊急対応チームのチャットグループに投げるが、あいにく全員都合がつかない。まぁ、近いからしょうがない。家族に謝り、5月の肌寒い中、緊急事態宣言下の町へ自転車を漕ぎ出す。この時期、ずっとこんな日々を続けていた。

話は少し遡る。新型コロナウィルス感染が拡大していく中、4月7日ついに緊急事態宣言が発令されるとの報で、小池都知事が会見。その席上で休業要請を出す具体的な業種に言及するとのことで、私は固唾を飲んでスマホを凝視していた。

出た。都として休業要請する施設は、ナイトクラブ、バー、ボウリング場、麻雀店、パチンコ店、映画館、博物館。

そしてネットカフェ。

稲葉さんに電話する。

「ネットカフェも休業ですね」

「いや、まずいね」

「まずいですね」

ネットカフェのような不安定な居所で暮らす、いわゆる「ネットカフェ難民」と呼ばれる方々は、都内だけで推計4000人いるともいわれている。支援の受け皿を作らないわけにはいかない。

とはいえ、感染が広がる中、相談会のような「一カ所に集める」タイプの支援体制はリスクがある。オンライン上に相談フォームを開設し、そこから連絡を受けた方に支援スタッフが個別対応する体制の方が適しているのではないか。

手短に方針を決めて、食卓の上で相談フォームや記事を作成する。作りながら、「ネットカフェ難民」といわれる人たちのことを考える。うまくつながってくれるのだろうか。特にこの一年は、そうした「路上ではないホームレス」の方に会うためのプロジェクトを進めていて、一定の成果は出たものの、「4000」といった数字に見合うほど成功したとは言えないからだ。

一通り完成したあと、再び稲葉さんに電話をする。

「相談来ますかね?」

「読めないね」

「誰も相談来なかったら、まあそれはそれで」

「ははは」

蓋を開けてみれば、相談フォームを開設した直後から連日、窮状を訴える相談メールが押し寄せた。毎日「所持金が数百円です」「定宿にしたネットカフェが休業になりました」といった切迫感のある相談が3〜4件。ほとんどこちらが緊急出動する必要があるケースだった。

東京都がネットカフェの代替としてビジネスホテルを用意したので、昼間ならまずその窓口となっていた「TOKYOチャレンジネット」へ向かってもらい、結果をまた教えてもらう段取りにした。切迫度が高く、ご本人が動けそうなら、地域の福祉事務所へ行ってもらい、またその進捗を共有してもらう。

問題だったのは、相談フォームからの連絡の大半が、公的機関が閉まった17時以降にくることだった(たぶん、日が暮れてから焦り出すのだろう)。当時は稲葉さんと私で最初の返信からメールでの聞き取りを行い、支援方針を決め、協力してくれている支援者チームに緊急出動を依頼。時には自分たちも夜の町に飛び出していった。
遠隔地から相談が来る場合も多く、こちらのスタッフが間に合わない場合は、窮余の策として宿泊費のオンライン送金も行った。こちらは15時までの対応しか即日の送金ができず、協働する支援団体では電子マネーでの緊急送金も活用したと聞いた。

連日連夜、窮状を訴えるメールを読み、返信し、お会いし、詳しい話を伺い、お金を渡し、アポイントをとり、別れる、そんな生活が繰り返された。
さまざまな人がこちらにＳＯＳを送ってきたが、大概が若い人たちだった。30代や40代前半、20代も珍しくなく、10代の子もいた。職種や勤務形態も、派遣や直接雇用のアルバイト、工場での検品作業やデータ入力、テレアポや風俗まで多様だったが、やはり仕事をしながらネットカフェで生活をしていたとのこと。まさにこれまで自分たちが手を替え品を替えアプローチしようとしたが、思ったほど成果が出なかった「自分を「ホームレス」とは思っていないホームレス状態の方」から、どんどん連絡が来る。とても不謹慎だが「やっぱりたくさんいたんだ！」という謎の感慨があった。

そして、おしなべて言えることは、皆「電話番号」を失っていた。

たとえば5月はじめの緊急対応。

SOSは御徒町駅付近から発せられ、夜9時頃、自分が自転車で向かった。この頃になると疲労の色は濃く、なかなか対応に終わりが見えないことで心がささくれだっていた。

それでも連絡をくれた30代男性とは、駅近のローソン前で無事に会うことができて、今後の段取りを決めつつ数泊分の宿泊費をお渡しできた。

彼はすでに携帯電話が止められていて、コンビニが開放しているフリーWi-Fiから送られるメールが命綱だった。聞けば、特定のウェブメールを送る際にセブンイレブンのWi-Fiでは送信がブロックされるが、ローソンは送信可能らしい。

相談フォームからの相談者の実に約⅔が、彼のように携帯電話が止まり、通話と単身でのデータ通信ができない状況だった。端末はあるので、コンビニを代表とする都市に飛び交うフリーWi-Fiをつないで、どうにかメールや最低限の情報収集を行っていた。

全国の支援団体や法律家が行う「生活困窮者相談」は、多くの場合「フリーダイヤル含む普通電話による電話相談」であることが多いので、そうした意味でこの「電話番号を失った層」は完全に見えていなかったといえる。

なぜ「電話番号を失ったのか＝電話が止まったのか」は、もちろん収入の不安定さによる料金滞納が直接の原因だ。けれど、遠因として近年、各携帯電話会社が導入し宣伝が姦しい「携帯電話料金と一緒に払う、後払い式電子マネー」があると自分は考えている。その日予定していた日銭が入ってこず、つい後払い式電子マネーで食料品を買い、それが積もり積もって巨額の携帯電話料金が請求され、アウトになる。

一度滞納が続き契約解除となってしまえば、多くの携帯キャリアの場合、ブラック認定され、再契約が難しくなる。

その結果としての電話番号がない弊害は、メールと、加えて、安定していると言い難いフリーWi-Fi越しでの相談対応となり、まるでトランシーバーで会話しているようだった。もちろん人によるのだが、状況を把握しようと長文や複数の質問を一気にしても、どうしても切れ切れの答えがぽつりぽつりとかえってくる。そうこうしているうちに「バッテリーが切れそうです」との一文が飛んできて、なお焦る。

どうにか苦労してお会いし、宿泊費を渡して都のビジネスホテルへ入り、自分たちが申請同行して生活保護へつながったとしても、電話番号がない弊害はいよいよここからが本番だ。

支援者と一緒に安定したアパートを探し、いざ契約の段階となっても、保証会社や不動産会社からの電話連絡を円滑に受けられる電話番号がなければ、物件を借りることはほぼ不可能だ。また、同様に安定した仕事を探す上でも、その雇用形態が強固なものであればあるほど、電話連絡がつくことは必須となる。

福祉事務所や保健所など、公的窓口とのやりとりについても、やはり通常は電話でのやりとりを要求される。

「音声通話可能な電話」が、社会生活を営むために不可欠なサービスを利用するための「社会的なID」となっている現実は、これまであまり表だって自覚されてこなかったし、社会的にも認知されてはいない。それがコロナ禍での支援で浮き彫りになったが、困窮者支援の現場ではずっと以前から課題となっていた積年の宿題だったのだ。

そして東京の緊急事態宣言のまもなく解除が噂されていた5月半ば。ちょうど妊娠葛藤相談を専門としている「NPO法人ピッコラーレ」さんが、支援をしている妊婦の方がやはり電話を失っており、病院への緊急連絡手段がないことで困っていたことを知り、連絡をしてみた。すぐに意気投合し、プロジェクトチームが立ち上がり、同法人のコールセンターシステムを作っていたシステム開発会社の「合同会社合同屋」さんにも参加してもらい、わずか一カ月後には独自に開発した通話アプリをインストールした「つながる電話」が完成した。これはスマートフォンを本人負担ゼロで渡し、最長2年間まで無料で使ってもらえる支援スキームだ。未成年の女性を支援している協働団体などを中心に渡して使ってもらうテスト期間を経て、7月には全国の支援団体で使ってもらうべく正式発表した。多数の支援団体から「使いたい」と連絡をもらって順次お渡しが進んでいるが、支援に関わる者なら誰もが抱えていた積年の宿題に、一定の答えを出せたことが個人的に嬉しい。

電話をめぐっては、記憶に残っている緊急対応がある。

まだ4月のこと、「現在地：静岡」と書かれたSOSが相談フォームから舞い込んだ。「所持金60円。東京に戻る途中なのですが、手持ちがありません」

なんと！　驚いたことに、連絡先として携帯の電話番号が書かれている！　電話がないフリーWi-Fiでのやりとりが続いていたので、音声電話が通じるだけで喜び、掛けてみた。

電話の主は20代の青年で、聞けば桑名での仕事をクビになり、桑名市の福祉事務所で相談したが「ここより大きな都市で相談するといいよ」と名古屋に行くよう指示され、交通費を渡された。その後も各地の福祉事務所でたらいまわしにされ、いまは静岡県沼津市の福祉事務所で相談しているという。しかし「東京に実家もあることだし、東京で仕事を見つけてやり直したら」と言われている最中だという。

沼津の福祉事務所は「東京までの交通費は渡す」と言っているとのことだったが、所持金60円で食べるものがないと言っている青年に対する言葉ではない。明らかに職権で保護されるべき対象だった。

「交通費だけじゃなく、そこでいったん福祉を利用することもできますよ」

とも伝えるが、

「東京でやり直したいので、交通費だけでいいんです。早く東京につきたい」とご本人。ご本人が納得しており、たらい回しが長距離に及んでいることもあって、東京に来るまでの食費と宿泊費を振り込んだ。

この間、数十分のやりとりだけでできた状況の把握。音声通話の偉大さに陶然としていると、今度は非通知で自分の携帯が鳴った。「もしもし」

電話の相手は沼津福祉事務所のケースワーカーと名乗った。

「あなたたちから相談者へ食費としてお金を渡した事実はあるか?」

「質問の意図はなんですか?」

「もしあるとすれば、交通費は渡せない。足りなかった場合、そちらからさらに入金してもらえるだろうか」

意味がわからない。正気なのか。

「あなた、大前提として所持金60円の青年が福祉の窓口に相談に来ているのに、交通費渡して追い払おうとしたこと自体が極めて問題であることの自覚がありますか？」

「本人が東京行きで納得している」

「百歩譲って、ご本人が東京へ来ることに納得しているとして、さらにこちらが渡したお金を交通費にした場合、それ以外の食費や宿泊にかかる費用は当然、福祉事務所から貸付けてもらえるという理解でいいんですよね？」

「それはこちらが関知することではない」

「くだらない電話を掛けてきてないで仕事しろよ」

不毛なやりとりが続いた後、平行線のまま切られた。すぐにこちらから青年に電話すると、「交通費、出してくれました。財布を無理矢理のぞいてきて怖かった」と言う。何はともあれ、よかった。

翌日、丸一日かけて東京へ来た青年と会うことができた。移動途中も通話で進捗を確認し、待ち合わせ場所などを細かく確認できたのもよかった。青年は「食費とか本当に助かりました。実は携帯だけはなくしちゃだめだと思って、電話料金を優先して払ってたんですよ。おかげで途中野宿になったりしましたけど」と言うが、その判断力、すごい、ただ者じゃない！

「相談フォーム・テキストベースでの相談体制」「原則オンラインでのヒヤリング」「物品ではなく現金での緊急給付」「スマートフォンは端末自体の所有を前提としてのフリーWi-Fiという環境要素」「オンライン送金や電話マネーという瞬時の給付手段の併用」そして「音声電話をお渡しする支援」。

これらは従来型のホームレス支援・生活困窮者支援の文脈だと、積極的な要素とはなりえなかったものだが、今回の緊急対応から始まる一連の動きでは主役となっていた。

いまでは考えられないほど路上で過ごされている方が多かった時代の夜回りであるとか、公園などの一角で暮らされている方々のコミュニティでの関わりなど、古くからのホームレス支援の「原風景」ともいえる郷愁を、「つながり」や「よりそい」といった感情とともに年配の支援者から語られることがあった。もちろんそれらはいまでも消えたとは言えないが、ずっと少なくなった。貧困の形も、困っている状況も変わっていく。

みんながカメラと録音機能をもっている中では、密室的な福祉も変わらざるを得ないし、オンライン銀行や電子マネーで瞬時に送金ができる中では「お金や食料を手渡しする」といった支援のありようも、変わらざるをない。

たとえばAmazonやNetflixは使っても、同じような気持ちで「生活保護を使おう」とは思わないし、そういった環境は整ってはいない。だったら、そういった「サービス」(風)に整えたらよいのではないか。

こうした仮説から、オンラインの質問フォームを埋めていくだけで簡単に当事者本人が生活保護申請書を作成し、申請できるサービス「フミダン(https://fumidan.org/)」を２０２０年12月15日に公開した。

作成した申請書を印刷すれば、福祉事務所へ自分で生活保護の申請ができる。まだ試行錯誤しながらのスタートで、今後は東京都23区の福祉事務所へ作成した申請書をオンライン上から直接ＦＡＸ送信、オンラインだけで生活保護の申請ができる試験運用を行っていく。困窮されている方が少しでも簡単に支援の手へつながるための「踏み段《フミダン》」となるべく、断続的にさまざまな方策を試みていく予定だ。

「ホームレス支援団体などという怪しいところには関わりたくないし、自分は決してホームレスではない。ただ、今日過ごすお金がなく、助けがほしい」

こうした(ある意味で無理からぬ)マインドセットを持った方々にどうアウトリーチし、つながってもらうのかが、これからの支援団体に課せられている課題だと考える。

コロナ禍における支援対応の「ニューノーマル」は、まだ模索を始めたばかりだ。

あとがき

「市民の力で、セーフティネットのほころびを修繕しよう！」

そんな合言葉を掲げて、一般社団法人つくろい東京ファンドを設立したのは、2014年。いまから6年前のことである。

私たちの社会には、本来、生活に困窮した人たちを受け止めるためのセーフティネットが整備されているはずである。しかし実際には、ネットのあちこちに空いた隙間からこぼれ落ち、制度を利用できずに孤立している人たちが少なくない。

東京都内だけで約2000人と推計される路上生活者、約4000人と推計されるネットカフェ生活者の存在は、私たちの社会のセーフティネットに大きな穴が開いていることの証左である。

生活保護制度をはじめとするさまざまな公的支援制度が存在しながらも、実際の運用では、窓口で相談に行った人が追い返されたり、劣悪な環境の民間施設への入所を事実上、強要されたりといった人権侵害が日常茶飯事になっている。そのため、せっかくの支援制度が機能不全に陥っているのだ。

こうした現状を変えていくため、つくろい東京ファンドでは他の生活困窮者支援団体と連携しながら、民間の空き家・空き室を活用した住宅支援事業を展開してきた。「住まいは基本的な人権である」という理念に基づき、プライバシーの保たれた個室を提供するハウジングファースト型の支援を実践することで、公的な支援からこぼれ落ちた人たちを支え、同時に行政に対しても発想の転換を促してきた。

だが、私たちが進めてきたセーフティネットの修繕作業は、まだ道半ばであった。そこに、コロナ禍による貧困拡大が襲ってきた。コロナ禍における生活困窮者支援では、感染症の拡大防止の観点からも、個室提供の重要性がいままで以上に高まったのは、言うまでもない。

しかし、本書の各原稿で書かれているように、各行政機関は従前の対応を頑なに変えようとしなかった。「この期に及んで」という言葉を使わざるをえないほど、相部屋の施設への入所を前提として、入り口で支援対象者を恣意的に選別するという制度運用をやめようとしなかったのである。

日本女子大学名誉教授の岩田正美氏は、コロナ禍における緊急対策において「政策を執行する自治体や窓口において、平時の「慣習」から一歩も抜けられないらしい点も気がかりである」と述べた上で、政府や専門家が市民に対して求めている「行動変容」という語を援用しながら、「むしろ政策主体の側の変容こそ促されているのではないだろうか」と述べている(「誰がどのように「行動変容」すべきか」『世界』2020年6月号所収)。私も岩田氏の主張にまったく同意する。

行政機関が「行動変容」を拒絶する一方、民間では生活困窮者支援に関わる団体・個人が創意工夫を凝らしながら、ネットワークを広げてきた。

首都圏では、今年3月、反貧困ネットワークの呼びかけにより、30以上の民間支援団体が集まって、「新型コロナ災害緊急アクション」というネットワークが結成された。

つくろい東京ファンドも、6月以降は「新型コロナ災害緊急アクション」の相談チームに加えていただき、アウトリーチ型の緊急支援を継続している。

特徴的なのは、日本に暮らす外国人からの相談が増えていることだ。本書では外国人の貧困問題について詳しく触れることができなかったが、コロナ禍において外国人の労働者が「景気の調整弁」として真っ先に解雇・雇い止めに遭っており、生活保護等の公的支援制度も使えない人が多いため、深刻な状況に置かれているという点には世間の注目を促したい。

本書の内容は、２０２０年４月から６月までの緊急支援の記録が中心になっているが、７月下旬より感染が再拡大する中、飲食業等で再び営業自粛や時短営業が広がり、廃業に追い込まれる店舗も増えてきている。こうした状況の中、私たちのもとに寄せられる相談も再び増加傾向に転じており、予断を許さない状況が続いている。

いつになれば、新型コロナウィルスが終息するのか。いつになれば、経済危機を脱することができ、貧困拡大に歯止めをかけることができるのか。現時点で確定的なことを言える人は、誰もいないだろう。ただ、私が確信を持って言えるのは、すべての人に「ステイホーム」できるための住まいを保障し、セーフティネットに開いた穴を見逃さない社会は、どんな感染状況、どんな経済状況になろうとも、人々の命と健康を守るという観点から見て、強靭な社会である、ということである。

引き続き、公的支援からこぼれ落ちた人たちのＳＯＳを受け止めながら、制度や政策を作る立場にある人々に「行動変容」を求めていきたい。

つくろい東京ファンドは、コアで関わっているメンバーが数人しかいない小さな団体です。

そんな団体の活動記録を書籍化できたのは、ひとえに私たちの活動を応援してくれているライターの和田静香さんのおかげです。和田さんの強い勧めがなければ、本書が刊行されることはなかったでしょう。いくら感謝しても感謝しきれません。

緊急事態宣言が発出された直後に私たちが新宿で見た光景をもとに、素晴らしい表紙絵を描いてくださった漫画家の深谷かほるさんにも心から感謝いたします。小林美穂子と私が深谷さんの「夜廻り猫」の大ファンだったので、無理を承知でお願いしたところ、ご快諾いただきました。

そして、書籍化を快く引き受けてくださった岩波書店の編集者の田中朋子さん、『世界』編集長の熊谷伸一郎さんにも感謝いたします。

最後に、つくろい東京ファンドの活動をさまざまな形で応援してくれている方々、支援活動の中で出会ったすべての方々に感謝申し上げます。

なお、拙稿「ホームレス・クライシスに立ち向かう」の初出は『世界』２０２０年９月号です。

２０２０年10月

稲葉　剛

つくろい東京ファンドは、活動資金を募っています。市民の力でセーフティネットのほころびを繕う活動にぜひご参加ください。詳細は以下のサイトをご覧ください。よろしくお願いいたします。

https://tsukuroi.tokyo/donation/

【編者紹介】

稲葉 剛

1969年広島市生まれ．一般社団法人つくろい東京ファンド代表理事．大学在学中から東京・新宿を中心に路上生活者支援活動に取り組む．著書に『生活保護から考える』(岩波新書)，『閉ざされた扉をこじ開ける――排除と貧困に抗うソーシャルアクション』(朝日新書)，『貧困パンデミック――寝ている『公助』を叩き起こす』(明石書店)など．

小林美穂子

1968年生まれ．つくろい東京ファンドメンバー．支援を受けた人たちの居場所兼就労の場として設立された「カフェ潮の路」のコーディネーター(女将)．幼少期をアフリカ，インドネシアで過ごし，長じてニュージーランド，マレーシアで就労．ホテル業(NZ, マレーシア)→事務機器営業(マレーシア)→工業系通訳(栃木)→学生(上海)を経て生活困窮者支援という，ちょっと変わった経歴の持ち主．空気は読まない．

和田静香

1965年千葉県生まれ．主に音楽や相撲について書くライター．著書に『評伝・湯川れい子　音楽に恋をして♪』(朝日新聞出版)，『スー女のみかた――相撲ってなんて面白い！』(シンコーミュージック)，『時給はいつも最低賃金，これって私のせいですか？　国会議員に聞いてみた。』(左右社)など．

つくろい東京ファンド https://tsukuroi.tokyo

コロナ禍の東京を駆ける
――緊急事態宣言下の困窮者支援日記

2020年11月26日　第1刷発行
2021年11月15日　第4刷発行

編　者　稲葉《いなば》 剛《つよし》　小林美穂子《こばやしみほこ》　和田静香《わだしずか》

発行者　坂本政謙

発行所　株式会社 岩波書店
〒101-8002 東京都千代田区一ツ橋2-5-5
電話案内 03-5210-4000
https://www.iwanami.co.jp/

印刷・三秀舎　カバー・半七印刷　製本・中永製本

ISBN 978-4-00-061441-2　Printed in Japan

生活保護から考える　稲葉剛　岩波新書〔電子書籍版〕

闘わなければ社会は壊れる ―〈対決と創造〉の労働・福祉運動論―　今野晴貴・藤田孝典 編　四六判二五四頁 定価二六四〇円

ルポ つながりの経済を創る ―スペイン発「もうひとつの世界」への道―　工藤律子　四六判一九〇頁 定価二二〇〇円

ブルシット・ジョブ ―クソどうでもいい仕事の理論―　デヴィッド・グレーバー　酒井隆史・芳賀達彦・森田和樹 訳　A5判四四二頁 定価四〇七〇円

官製ワーキングプアの女性たち ―あなたを支える人たちのリアル―　竹信三恵子・戒能民江・瀬山紀子 編　岩波ブックレット 定価 六八二円

岩波書店刊

定価は10% 込です
2021年11月現在